Ignaz Schiffermu

ller, Ferdinand Landerer, Augustin Bernardi

Versuch eines Farbensystems

Ignaz
Schiffermu

ller, Ferdinand Landerer, Augustin Bernardi

Versuch eines Farbensystems

ISBN/EAN: 9783743612518

Hergestellt in Europa, USA, Kanada, Australien, Japan

Cover: Foto ©Andreas Hilbeck / pixelio.de

Weitere Bücher finden Sie auf **www.hansebooks.com**

Versuch eines Farbensystems,

Entworfen
von Ignaz Schiffermüller aus der G. J.
im k. k. theresianischen Collegio.

WIEN,
verlegts Augustin Bernardi, Buchhändler 1772.

Dem
Durchlauchtigen Fürsten und Herrn,
Herrn
Wenzel Anton
des heil. röm. Reichs
Fürsten zu Kaunitz
und
Grafen zu Rittberg,
Erbherrn
Der freyen Herrschaften Esens, Stettesdorf,
Wittmund, Ungrischbrod, Austerlitz, 2c. 2c. Rittern
des goldenen Vließes, und Großkreuze des königl.
Ordens des heil. Stephans,

Ihrer kaiserl. königl. Majestäten
Wirklichen geheimen Rathe,
Conferenz- und Staatsministern
in inländischen Geschäfften,

Haus- Hof- und Staatskanzlern
der auswärtigen Geschäffte,
wie auch jener
der österreichischen Niederlande und Lombardey,
des militarischen Marien-Theresien-Ordens
Kanzlern,
auch hohen Protectorn
der k. k. privilegirten
Zeichnungs- und Kupferstecherakademie.

Durchlauchtiger,
hochgebohrner Reichsfürst!
gnädigster Herr!

Die Huld, mit welcher Sie auf alles zu sehen gewohnt sind, was dem Gebiethe der schönen und nützlichen Künste zuwächst, hat auch diesem geringen Versuche die beneidenswürdigste Ehre zuwegen gebracht, unter einem Namen zu erscheinen, dem Europa schon lange seine Verehrung gewidmet hat. Eine

Huld,

Huld, die meine ganze Dankfähigkeit auffodert, und den heißesten Wunsch in mir erreget, des Beyfalles eines erhabenen Ministers nicht ganz unwürdig zu seyn, der von der anstrengendsten Besorgung des allgemeinen Wohls in der Gesellschaft der Künste ausruht, und unter ihren Kennern eben jene Stelle behauptet, zu wel-

welcher ihn unter den Staatsbeamten die Wahl der einsichtigsten Fürstinn erhoben hat. Möchten Sie doch, erlauchter Fürst! beyde Stellen noch lange behaupten, lange der Schutz der Künste, der Gönner und Ermuntrer der Künstler in den österreichischen Staaten seyn!

Da-

Darum flehe ich den Himmel brünstig an, und verharre mit den reinsten Empfindungen der Verehrung und des Dankes

Ihrer Durchlaucht

unterthänigst gehorsamster
Ignaz Schiffermüller
v. d. G. J.

I. Abschnitt.

Beweggründe und Endzweck des gegenwärtigen Unternehmens.

I. §.

Wir haben schon anderswo (*) erkläret, was uns zu gegenwärtigem Unternehmen vorzüglich bewogen habe, die Beschwerniß, welche nach ihrem Geständnisse, so viele Liebhaber der Naturkunde, und wir selbsten fühlten, die bey den Schmetterlingen und andern dergleichen Thierchen, oder auch in den übrigen Reichen der Natur vorkommenden Farben verständlich zu beschreiben. Nicht wenige Naturforscher äußerten schon lange den Wunsch, daß bey itzigen der Naturwissenschaft so günstigen Zeiten auch hierinn ein Mittel möchte getroffen, und die wankenden Benennungen der Farben auf solche Art bestimmet werden, daß unsere Begriffe davon allgemein und einförmig würden.

Aufmerksame Augen auf alle Züge der schildernden Natur, sonderbare Hochschätzung der Malerey und einiger mit dieser verwandten Künste, erworbene Bekanntschaft mit Künstlern von dieser Art, und daher erhaltene Erläuterungen dessen, was uns von Farben in Büchern aufgestoßen, dann auch eigene Versuche, und dergleichen andere Umstände haben uns vielleicht doch zu viel geschmeichelt, da sie uns das Vertrauen einflößten, diese Sache in den von unsern Amtspflichten freyen Stunden zu unternehmen (**).

II. §.

(*) Ankündung eines systemat. Werkes von den Schmetterlingen der Wienergegend. V. Abschn. 3. u. 4. §. Man behält wegen der Einförmigkeit mit jenem Werke auch die Art in der mehrern Zahl zu schreiben bey.

(**) Wir müssen diejenigen, die in diesem Felde schon, um zur Beförderung der Naturlehre etwas beyzutragen, gearbeitet haben, nicht mit Stillschweigen übergehen. Hr. Bergrath Scopoli schildert in seiner Entomologia Carniolica

II. §.

Dieß Unternehmen ist eben nicht gering: seine Gränzen sind viel weiter hinaus gesetzet, als es vielleicht auf den ersten Anblick scheinet: die Farben, die auf Insecten vorkommen, sind, wenn man sie genau unterscheiden will, fast ohne Zahl; und wir zweifeln mit Grunde, ob es eine nennbare Farbe gebe, die man aus dem Insectenreiche nicht aufführen könne: und wie viele stossen dort auf, die auch erfahrne Naturforscher und verständige Maler entweder gar nicht zu nennen wissen, oder doch mit so ge-

(Explic. Color.) die den Physikern bekannte Scheibe vor, welche mit zwo oder mehr Hauptfarben bemalet, und an einer beinernen Achse schnell gedrehet, dem Auge nur eine vermischte Farbe vorstellt. Er theilet die Scheibe in 8 Fache, und setzet 6 Hauptfarben fest, Zinnoberroth, Gelb, Blau, Schwarz, Weiß, und Grün. Von diesen fügt er mit verschiedenem Verhältnisse, jedesmal zwo oder drey, einmal auch fünf zusammen, z. B. Rosatus partes 2, Albi, 6 Rub., Caryophyllinus 4 Virid. 2 Rub. 2 Nig. &c. und bestimmet hieraus 28 vermischte Farben.

Der Vorschlag behält immer seinen Werth; ob wir schon zweifeln, ob diese Vorstellung einer gemischten Farbe, die in der That nur eine flüchtige Augentäuschung ist, und noch darüber, nach den verschiedenen Graden der Bewegung, fast augenblicklich ändert, bey jedem Naturforscher gleich deutliche Begriffe gründe, wenn wir auch voraus sehen, daß sich die Ausübung, und öftere Wiederholung der Versuche keiner werde verdriessen lassen. Die Zahl der bestimmten Farben scheint uns auch für das unübersehliche Feld der Natur oder auch nur der Insectengeschicht viel zu gering zu seyn, wenn man schon die 16 dort beygefügten nach bekannten Dingen genannten Farben:

Aureus, argenteus, cupreus, &c. zu Hilfe nehmen wollte.

Es blieben, um uns in Beschreibung unserer Insecten an den Entwurf nach dem allgemeinen Wunsche des Hrn Vf. halten zu können, zween Wege über: Einer, die von ihm bestimmten Farben mit noch andern Versuchen der Scheibe zu vermehren; der andere, dieselben mit denen, die wir schon auf eine andere Art zu bestimmen unternommen hatten, zu vereinigen. Es wollte uns aber weder eines, noch das andere gelingen. In den Versuchen, die wir mit der Scheibe anstellten, brachten uns Zusammensetzungen verschiedener hohen Farben, die im Malen und Färben, ein Violet, ein Orange, ein sicheres Grün, oder endlich verschiedenes, doch immer bestimmtes Braun erzeugen, fast nur graulichte, und meistens ganz weißlichtgraue Farben hervor. In unsern Bestimmungen der gemischten Farben aber hatten wir schon die durchgehends mehr bekannten Farbenfügungen nach der Art der Maler gewählet, und glaubten, dieselben würden, da sie mit den meisten Methoden einer Farbenvereinigung übereinstimmen, etwann auch hier eintreffen. Doch wir fanden das Widerspiel: Roth und Blau, wenn auch letzte-

gehäuften Namen auszudrücken nöthig haben, daß sie zuletzt ganz unverständlich werden (*). Wie aber nun, wenn sich die Bestimmung der Farben auf die ganze Naturgeschicht verbreiten sollte? Wie viele Beschwerniß finden auch geschickteste Maler, die Farben der Natur nur nachzuahmen! Sie haben an die funfzigerley Pigmente oder Farbenstoffe, die theils aus dem Mineralreiche, theils aus dem Pflanzen- und Thierreiche kommen, und in den Speceryebuden schon zubereitet zu haben sind; diese vermengen, diese vervielfältigen sie durch mancherley Kunstgriffe fast auf unzählige Arten, und dennoch ist nicht leicht einer auch der geübtesten, der nicht in Mitte

rest, das ohnehin sehr ausgiebig ist, in geringerer Dose genommen ward, gaben uns ein Violet, und freylich geben sie dieses auch in aller Art zu malen, im Färben, in vermischten Pulvern, in vereinigten feinen Fäden, und sogar in zween solchen, nach Absönderung der übrigen, vermengten Lichtstralen. Auf der Scheibe entgegen erzeugen sie, nach des Hrn. B. A. Erfahrung die Menigfarbe. Minius. 6 Rub. 2 Cærul.; wo doch sonst die Menig = oder Minienfarbe, wie sie z. B. Hr. Beckmann (Anfangsgr. d. N. G.) von den Sonnenkäfern (Coccinellæ) und wie man sie insgemein zu unsern Zeiten nimmt, aus dem Rothen fast zur Hälfte ins Gelbe, wovon sie unmittelbar bereitet ist, gehet, und von den Malern gebraucht wird, Orange auch zudrücken. S. Günthers Anweis. zur Pastell. mal. Nüremb.; Castell Optique des couleurs „La mine est tout-à-fait orange; und Hr. Mayer Abh. v. Mess. d. Farben. „Menig besteht aus ⅔ Roth und ⅓ Gelb." Fast eben so verhält sichs mit der Korallenfarbe, die nach Anleitung der Scheibe aus 6 Th. Roth und 2 Grün bestehen soll, welches sonst, weil Grün schon aus Blau und Gelb zusammengesetzt ist (S. ebend.) eine unreine, düstere Farbe giebt; und mit der

Strohfarbe von 6 Th. Gelb und 2 Blau, wovon sonst das wahre Oliv entsteht; und endlich mit der Okerfarbe, für die bey dieser Methode 4 Th. Roth, 2 Gelb und 2 Grün angegeben werden; da sie sonst fast für das eigentliche Gelb gehalten wird, wie roher Castell „ Le jaune vral on fait de Gommegutte melée d'ocre. u. b. m. Allein vielleicht werden andere glücklicher seyn, diese uns anscheinenden Schwierigkeiten und Widersprüche einer Methode gegen der andern, nach des Hrn Verfassers Ideen, auszugleichen.

(*) So nennt ein berühmter Mignaturmaler und vieljähriger Naturforscher Rösel Tom. 4. S. 127. eine Farbe Dunkelbräunlichtgrauschwarz, eine andere S. 128. Dunkelröthlichtschwarzbraun. Wiederum Tom. 3. S. 289. Gelbröthlichtbraun und anderswo Gelblichtrothbraun; in welchen Benennungen ein Widerspruch zu liegen scheint. Braun ist schon eine Mischung von Gelb und Roth mit wenigem Schwarz oder Blau; man sagt Rothbraun, wenn in der Mischung das Rothe, Gelbbraun, wenn das Gelbe überwiegt, wie kann man also Gelblichtrothbraun, Gelbröthlichtbraun sagen?

dieses Ueberflusses über Mangel klagt, wenn er durch genaue Nachahmung die Zärte, die Heiterkeit, die Verschiedenheit der Farben ausdrücken soll, mit welcher die Natur manchen Gegenstand kleidet (*). Um die Benennung aber, den Rang und die genaue Bestimmung solcher Farben wird man ihn, ohne Gefahr Unwillen in ihm rege zu machen, nicht einmal fragen dürfen.

III. §.

Aber wenn wir es schon wagen, unsere wenige Einsicht und Muße diesem Theile der Naturlehre zu widmen; sollen wir nicht zugleich einigen Blick auf die Geschäffte des gesellschaftlichen Lebens werfen, und unsere Bemühung für die Künste und für den Umgang gemeinnützig zu machen suchen? Wir sind der Meynung, es müße dieses grossentheils eben der Zweck der Na-

---

(*) Man kann daher nicht wohl schlechterdings gelten laßen, was der Verfasser der Betrachtungen über die Quellen und Verbind. der sch. Künste von den Farben der Natur behaupten will. „Die Localfarben (heißt es in dem Auszuge, den uns davon die alte Bibliothek der sch. Wissensch. im 2 St. des 1 B. liefert) Die Localfarben der Natur sind nicht so frisch, nicht so lebhaft als die Localfarben eines geschickten Coloristen. „ Die Weisheit und die Güte des Schöpfers würde sich freylich auch durch dieses zeigen, daß er den Menschen so sehr erhoben, und dessen Geiste eine so ausnehmende Erfindungskraft, und Geschicklichkeit ertheilet hat. Aber der Verfasser führt zur Entschuldigung der Natur fort: Sie malt einen unendlichen Raum für die unendliche Zeit, und ändert mit jedem Augenblicke ihr unermeßliches Gemälde. Was für ein erstaunliche Mannichfaltigkeit von Farben wird sie also anwenden müßen? (Dieses ist alles vollkommen richtig, klein) „Je geringer hingegen (heißt es weiter) die Anzahl der Farben ist, desto reiner und lebhafter können sie seyn. „ Dieses kann etwa bey einem Vergleiche zwischen Menschen, zwischen Meistern von gleicher Einsicht, Erfahrung und Geschicklichkeit gelten, nicht eben so im Vergleiche mit der Natur. Diese malt bald mit einer Farbe oder doch mit wenigen, bald mit vielen; itzt im Kleinen, wie z. B. bey Insecten, Blumen, Früchten, Muscheln, edlen Steinen und andern Foßilien; und wieder im Grossen, wie z. B. bey neugrünenden Wiesen und Wäldern, bey hellen Gewässern, bey dem lichtblauen Himmel, dem feuerrothen Horizont, dem bunten Regenbogen, u. d. m. Man muß auf diese oder dergleichen erschaffene Schönheiten wohl gar zu wenig gemerket haben, wenn man an denselben nicht eben so frische und lebhafte, oder setze man auch, nicht eben so reine, so hohe, so liebliche, so entzückende Farben bemerket hat als jemals an einem Gemälde des vortrefflichsten Farbengebers. Wir haben öfter mit Bedacht und ganz unparteyischen Augen nicht nur die Farben der Gemälde, sondern auch jene der niedlichsten Seiden-

stof-

Naturwissenschaft selbst und ihrer Untersuchungen seyn. Aber werden wir wohl dem gemeinen Leben und vornehmlich den mit Farben sich abgebenden Künsten etwas nützen können? Wir wünschen, und versuchen es. Es mag doch etwa angenehm und vortheilhaft seyn, wenn man von einer jeden unter mehr hundert Farben verständlich reden, wenn man dieselbe in Stoffen und andern Waaren namentlich begehren, oder bestellen kann. Uns wird es unterdessen in dem Wesentlichen unsers Entwurfes keine Veränderung machen. Wir haben für unsere Illuminirer die Farbenstoffe anzumerken, aus welchen jede der einfachen oder gemischten Farben hervorgebracht wird: wir werden dabey zugleich derselben verschiedene Güte, Dauerhaftigkeit, Zubereitung, u. d. m. berühren müssen. Nicht wenige von diesen Materialien werden auch bey andern Arten der Malerey mit Vortheil angewendet. Hier sieht man schon ein Band, das doch nicht das einzige ist, welches die verschie-

stoffe betrachtet, aber keine jemals gefunden, die wir nicht auch schon in blumenvollen Gärten oder in reichen Naturalienkamern ein und andersmal bemerket hätten. Entgegen sind uns in eben diesen Sammlungen, und insgemein in Beobachtung der Natur nicht selten Farben aufgestossen, die uns, noch durch keine Kunst erreichet, oder auch ganz unnachahmlich schienen. Unter diese letzteren kann man wohl die an einigen Sommertagen von der auf- oder untergehenden Sonne beleuchteten Wolken zählen. Und ist denn nicht ein Maler eben nur ein Nachahmer der Natur, (freylich wohl der schönen, der mit Einsicht und Klugheit gewählten Natur) desto vortrefflicher in seiner Kunst, je näher er derselben kömmt? Und liefert denn nicht selbst die Natur dem Coloristen seine lebhaften Farben schon in ihrem Glanze, einen Zinnober, ein Berggrün, ein Bergblau, einen Ultramarin, u. d., oder auch das reine Gold und Silber? Wir wissen, was man noch einwenden kann, daß wenigstens öfter menschliche Bildnisse gemalet worden von einer solchen Schönheit, daß es wohl schwer fallen würde, irgend ein lebendiges Original zu finden, welches sich damit vergleichen könnte. Allein man wird uns nicht absprechen, daß diejenigen Künstler der letzteren zwey oder drey Jahrhunderte, die menschliche Gestalten am schönsten geschildert haben, ein Raphael, ein Correggio, ein Titian und andere die Meisterstücke des Alterthums studiret, und haben, nebst dem edlen Ausdrucke den auserlesen schönen Contour entlehnet haben, der mit der Zärte und Lebhaftigkeit des nach lebenden Personen ausgeführten Colorits vereiniget, so vollkommene Schönheiten vorstellte, dergleichen wohl nicht aller Orten und zu jeder Zeit zu finden sind, unter den Griechen aber einstens in einer so milden Himmelsgegend und bey so unverzärtelter Erziehung gar nicht selten gewesen seyn müssen; wie Abt Winkelmann (in seinen Gedanken über die Nachahm. der griech. Werke in der Mal. u. Bildh.) ausführlich und trefflich beweiset.

schiedenen Aeste der Malerkunst, oder insgemein die verschiedenen Arten, Farben auf andere Körper zu bringen, untereinander verknüpfet. Sollen wir also nicht schon auch melden, wie jede von diesen, nach ihrer Weise zu verfahren, diejenigen Farben, die wir eben bestimmen, erhalten könne, oder vielmehr zu erhalten pflege? Denn wir bilden uns gewiß nicht ein, daß wir jedesmal und bey jeder Farbe, einem wohl erfahrnen Oel-, Pastel- oder Emailmaler sonderbare Verbesserungen und sehr wichtige Vortheile unmittelbar für seine Kunst werden zu berichten haben. Er kennt aber doch gemeiniglich die Handgriffe anderer, ebenfalls mit Farben umgehenden Künste nicht; die ihm doch, wegen der Verbindung, die sie mit seiner Arbeit haben, nicht selten, wie es die Erfahrung lehret, eine vortheilhafte Kenntniß und beträchtliche Erleichterung in seiner Methode geben können. Vielleicht giebt einem Künstler unserer Zeiten zuweilen das, was uns von den Farben und Kunstgriffen der Alten, vornehmlich Vitruvius und Plinius unterlassen haben, ein neues Licht; vielleicht bringen wir doch ungefähr aus neueren Büchern eine ihm noch unbekannte Erfahrung bey; vielleicht verleiten wir ihn wenigstens zu neuen Versuchen und Entdeckungen; oder wir fachen doch etwa in einem angehenden deutschen Künstler den Eifer an, sein glückliches Genie durch Kenntnisse und Uebung auszubilden. Endlich schreiben wir ja auch für Kenner der Gemälde und Liebhaber der schönen Künste, denen es immer angenehm seyn kann, den Ursprung, den Werth und die Hervorbringung der künstlichen Farben einigermassen einzusehen.

IV. §.

Aber wenn jede besondere Farbe ohne viele Mühe aufzusuchen, wenn das Ganze ohne Beschwerniß zu übersehen, und leicht in dem Gedächtnisse zu behalten, wenn die Einrichtung ein System seyn soll, so muß darinn eine Ordnung herrschen, die nicht erdichtet, nicht gewaltig hergezogen, sondern ganz in der Natur gegründet ist. Soll nun aber unter den verschiedentlichst zerstreuten Farben wirklich eine Ordnung in der Natur verborgen liegen? —— Und kann man daran nur zweifeln, nachdem man fast schon in allen andern sichtbaren Dingen, in allen Reichen der Natur eine sichere, mit ihrem Endzwecke gänzlich einstimmige Unterordnung, eine genaue Verwandwandschaft oder bestimmte Beziehung immer eines Reichs, einer Gattung, einer jeden einzelnen Art auf andere, und dann einen ganz wunderbaren Zusammenhang des ersten oder höchsten mit dem letzten und niedrigsten, durch sehr passende Stuffen und fast unmerkliche Uebergänge, mit einem Worte, da man schon fast durchgehends in der Natur eine ganz göttliche Harmonie und hierinn unlaugbar deutlichste Spuren eines vollkommensten Meisters entdecket, und bewundert hat? Man hat daher schon von Thieren, Pflanzen, und Mineralien Lehrgebäude errichtet, die ihrer Vollkommenheit sehr nahe zu seyn scheinen, und die denen, die sie einsehen, täglich erhabenere Begriffe von der unerschaffenen Weisheit beybringen. Und sollen es die Farben, ein so beträchtlicher Theil der Schönheit unsers Weltgebäudes, der Lust und des Vergnügens für den edelsten unserer Sinne, nicht verdienen, daß man sie genauer untersuche, ihre natürliche Ordnung und wechselseitige Verbindung aufkläre, und sie dann so, zur Verherrlichung desjenigen, von dem sie sind, vor Augen lege? Aber welchen geringen Theil dessen, was seyn könnte, und sollte, werden wir zu entrichten vermögen? Besonders da wir, um unsere Vorstellungen zu vervielfältigen, das Beywirken vieler Hände nöthig haben? Gegenwärtig liefern wir nur den Entwurf, und ein Beyspiel, die erste Gattung der Farbenclasse, die Blaue. Dabey kommen doch auch Weiß und Schwarz größtentheils abzuhandeln: andere Gattungen der ersten Ordnung sollen etwa je drey oder vier miteinander folgen. Vielleicht werden sich unterdessen verständige und besonders in diesem Fache erfahrne Männer finden, die es ihrer Liebe zur Verbreitung nützlicher Kenntnisse würdig achten, uns mit ihrem Urtheile und Rathe an die Hand zu gehen, um die Sache zu allgemeiner Zufriedenheit desto vollkommener auszuführen.

II. Abschnitt.

Entwurf einer ordentlichen Sammlung der bekannten Farben.

I. §.

Wir halten uns in dieser Materie an das Lehrgebäu des P. Castells, welcher in seinem Werke: Optique des couleurs, das auch 1744. zu Wien lateinisch, und 1750. zu Halle deutsch heraus kam, der erste unternahm die stäten Farben zum gemeinen Nutzen besonders der Maler und Färber in eine Ordnung zu bringen. Hr. Prof. Mayer in Göttingen, dessen Abhandlung von Messung der Farben im 3. B. der alten Bibl. der schön. Wissensch. beurtheilet wird, ist selbst kaum in einem andern Stücke davon abgegangen, als daß, wo Castell immer von einem Cirkel der Farben redet, er dieselben in ein Dreyeck stellt. Wir nehmen also mit erwähntem Mathematiker an, daß es eigentlich nur drey Hauptfarben gebe, das ist, solche, die in sich selbst einfach, niemal durch die Vermischung anderer Farben entstehen, aus derer Vermischung hingegen alle übrigen Farben hervorgebracht werden können; und diese einfachen oder Hauptfarben sind Gelb, Roth, und Blau. Aus der Vermengung des Gelben mit dem Rothen entsteht das Orange- oder Safrangelbe, aus jener des Rothen mit dem Blauen das Violete, endlich aus jener des Blauen mit dem Gelben das Grüne. Diese sind nun alle jene hohen, lebhaften und glänzenden Farben, die wir oft in dem Regenbogen, oder noch klärer an der Wand in dem durch ein dreyschneidigtes Glas oder Prisma getheilten Sonnenstrale bewundern (*). Wir nennen diese drey gemischten Farben Mittel- oder Nebenfarben.

II. §.

(*) Wir sind nicht gesonnen, hier auch von den Farben dieser und dergleichen Lichtserscheinungen, oder auch gewisser ungefärbter, durch die Mischung doch gefärbter Säfte etwas zu bestimmen. Bey den erstern setzet man gemeiniglich sieben einfache Farben an: Roth, Orange, Gelb, Grün, Blau, Indigblau, und Violet. (Man sehe z. B. Hrn. Eberhards Gründe der Naturlehre 5. Cap. und eben desselben Versuch. näh. Erklär. v. d. Nat. der Farben.) Einige Physiker halten doch dafür, daß man in jenen von den gebrochenen Lichtstralen entworfe-

II. §.

Castell vermehret ihre Anzahl bis auf neun. Er macht nemlich zweyerley Orangegelb, eines kömmt dem gemeinen Gelben, das andere dem Rothen näher. Das erste wollen wir Oraniengelb, das zweyte Feuerroth nennen. Zwischen Roth und Blau setzet er gar vier Mittelfarben, eine, die man insgemein noch für Roth annimmt, ob sie wohl schon einen Blick ins Violete hat, oder etwas Blau verräth, und diese heißt Carmesin, oder Purpurroth. Die zweyte ist ein röthlichtes Violet, die dritte ein Violet, das mehr ins Blaue fällt, die vierte endlich ein Feuerblau oder ein Blau, das

nen Bildern wohl noch mehr einfache Farben zählen könne. Man vernehme den Author der Briefe an eine deutsche Prinzeßinn über verschiedene Gegenstände aus der Physik. Leipzig 1769. 31. Brief. Nachdem er sechs einfache Farben mit Hinweglassung der Indigblauen von jenen sieben bestimmet, fähet er weiter fort: „aber man darf nicht glauben, daß es nicht mehr wie sechs Farben gebe; denn da das Wesen einer jeden in einer gewissen Zahl der Schwingungen, die in einer bestimmten Zeit geschehen,„ (oder in einer gewissen Größe der Lichttheilchen, oder, nach nach anderer Meynung, in einer gewissen Geschwindigkeit der bewegten Lichtstralen) „besteht; so ist es klar, daß die Zahlen, die dazwischen liegen, ebenfalls einfache Farben geben. Aber es fehlt uns an Worten, diese Farben zu bezeichnen. So sieht man in der That zwischen dem Gelben und dem Grünen mittlere Farben, aber die keinen besondern Namen haben. Auf eben diesem Grunde beruhen die Farben im Regenbogen — — wir finden auch darinnen alle Zwischenfarben, die gleichsam die Uebergänge von einer Farbe zur andern sind, und wenn wir mehr Benennungen hätten, diese Grade zu unterscheiden, so würden wir auch mehr verschiedne Farben von einem Rande des Regenbogens bis zum andern zählen können. — — Einige setzen auch die Purpurfarbe hinzu; die man in der That am Rande des Rothen bemerket„. Newton hat selbst die rothe Farbe wieder in sieben Ordnungen abgetheilet: und insgemein scheint dieser grosse Naturlehrer die einfachen Farben des Prisma nicht so genau auf sieben eingeschränkt, sondern vielmehr unzähliche zugegeben zu haben. Man erwöge nur seine Worte; *Opt. Lib. I. Part. II. Prop. II.* — cum radios heterogeneos a se invicem separassem. — — — inducta coloribus ex ordine, violaceo, indico, caeruleo, viridi, flavo, aureo, rubro, innumerisque intermediis coloribus per differentias quam minimas ab uno extremo ad alterum pergentibus, et serie continuata.

Wir handeln gegenwärtig von jenen Farben, die beständiger auf Körpern bemerket, die im Malen, im Färben, und dergleichen gebraucht, oder hervorgebracht werden, und die man, um sie von jenen so leicht verschwindenden als entstandenen Lichtbildern zu unterscheiden, materialische Farben nennen kann; von diesen behaupten wir eigentlich, daß es nur drey einfache Farben gebe.

P. Ca-

das ganz wenig ins Rothe, oder doch ins Violete spielt. Zuletzt mengt er Blau und Grün in gleichen Theilen, oder was eben so viel ist, 3 Theile Blau mit einem Theile Gelb, und erhält ein bläulichtes Grün, das wir Meergrün nennen; menget auf eben die Weise Grün und Gelb, oder 3 Theile Gelb mit einem Theile Blau, und erhält ein grünlichtes Gelb, oder gelblichtes Grün, dem er den Namen Olivengrün beylegt. Setzet man nun diese 12 reinen, hohen und lieblichen Farben, nemlich die 3 Hauptfarben, und die 9 Nebenfarben auf was immer für eine Fläche in ihrer Ordnung ins Runde, so stellen sie einen Farbencirkel dar, in welchem immer eine Farbe ganz natürlich auf die andere folget, und jede durch gewisse ihr mehr anverwandte mit allen übrigen entfernteren verbunden wird.

III. §.

P. Castell hat wohl auch ein und andersmal betheuert, daß er hauptsächlich nur von diesen stöten, und nicht von jenen emphatischen Farben handeln wolle. Hr. Eberhard scheint doch in eben benenntem Werke 28. und 30. §. wider ihn aufgebracht zu seyn; daß er besonders die grüne Farbe nicht für eine einfache gelten lassen will. Es mag wohl seyn, daß die französische Lebhaftigkeit, mit welcher P. Castell in seiner Farbenoptik einen und andern kleinen Ausfall auf Newtons Lehrgebäude von den Farben that, für Verehrer dieses in Wahrheit grossen Physikers ein wenig beleidigend ist; wenn aber von unsern mehr standhaften Farben die Rede ist, so sprechen ja alle, die mit Farben umzugehen wissen, und die Sache selbst, ihm das Wort; indem erfahrne Färber, um einen Stoff Grün zu machen, fast niemals anders zu Werke gehen, als daß sie selben zuerst durch eine gelbe und hernach durch eine blaue Suppe ziehen, oder im Gegentheile zuerst im blauen und nachmal im gelben Bade färben. Wie denn auch geschickte Maler, besonders die mit Oel gemischte Farben brauchen, was immer für verschiedenes Grün nicht leicht anders, als durch Vermengung gelber und blauer Farben zu erhalten suchen; ob man schon auch einige grüne Materialien, als z. B. Berggrün und Spangrün hat, welche die Natur selbst schon in der Erzeugung scheint gemischet, oder auf eine einer Mischung gleichgeltende Weise gemäßiget zu haben. Wie dann Wallerius (Mineralogie 164. S.) von Kryphallen und ächten Steinen, die nach seiner Meynung, ihre Farben von eingemischten mineralischen Solutionen haben, glatterdings schreibt: „Von Kupfer kömmt Blau, wie in den Saphiren, Grün wird von Kupfer, das mit Eisen (oder Eisenocker) vermischt ist, wie im Smaragd, — — Gelb von Bley, wie im Topase, Gelbgrün von Kupfer und Bley, wie im Chrysolith„. Wir wiederholen also unsern Satz, den man in Absicht auf die gemeldten Farben nicht so leicht umstossen wird, daß wir durch einfache oder Hauptfarben jene verstehen, die in sich selbst einfach niemal durch die Vermischung anderer Farben entstehen, aus derer Vermischung hingegen alle übrigen Farben hervorgebracht werden können; und solche Farben behaupten wir nur drey, Gelb, Roth, und Blau zu seyn.

III. §.

Es ist willkührlich, von welcher Farbe man immer den Kreis zu messen anfängt. Castell fieng doch insgemein von der Blauen zu zählen an, kam nach dieser auf die Meergrüne, denn auf die gemeine Grüne, u. s. w. Die letzte nannte er die Veilenblaue, und so war er wieder auf der Blauen zurücke. Wir denken, ihm auch hierinn zu folgen; und, wenn doch, was vielleicht jedermann behaupten wird, den Anfang eine von den drey Haupt- oder einfachen Farben machen soll, so scheint auch die Ordnung, die wir in den Farben der zertheilten Lichtstralen wahrnehmen, für die Blaue zu sprechen: denn diese als die am meisten brechbare zeigt sich in dem durch das dreyschneidigte wagerecht gehaltene oder auch durch das kegelförmigte Glas auf der Wand entworfenen Bilde jederzeit oben an; die Gelbe behauptet den mittleren Platz, und erst nach dieser kömmt unten die Rothe zu stehen (*), welche doch, da sie sich mit Purpurroth, einer dem Violet nächst verwandten Farbe, endet, gewisserweise erinnert, daß man, um den Kreis oder die vollständige Verbindung aller dieser blühenden Farben einzusehen, wieder auf den obern Rand, wo das Veilblau vor andern Blauen stehet, zurücke kehren müße. Aber es kann ja eben sowohl, mag man vielleicht hier einwenden, in jener langen Reihe der durch das Prisma hervorgebrachten Farben von unten hinauf gezählet werden? Es mag seyn: doch was alsdenn bey der vorzüglichsten Erscheinung, dem doppelten Regenbogen oder auch dem zweyfachen Bilde des Prisma? Hier finden sich die rothen Farben in der Mitte gegeneinander über; an den äußeren Randen aber kommen sowohl unten als oben zuerst die Blauen vor. In dem aus Boyle (**) und andern Physikern bekannten Versuche des auf ein glühendes Eisen oder in die Flamme einer brennenden Kerze gehaltenen Stahls kömmt gleichfalls unter unsern drey sich nach und nach zeigenden Hauptfarben die Blaue die erste zum Vorschein;

(*) Wir haben diese Farbenphänomenen bey unserem darauf sich gründenden Kreise einigermaßen vorgestellet, vielmehr doch um den leeren Raum auf der Tafel auszufüllen, als sie etwa einigen von unsern Lesern bekannter zu machen.

(**) Esper. et Consid. de Color P. 1. C. 2.

Castell scheint unterdessen der blauen Farbe hierinn nur darum den Vorzug gegeben zu haben; weil sich dieselbe durch die Stuffen des Helldunkeln am allermeisten verbreitet. Denn, wo Gelb und Roth, wenn man sie sehr ins Dunkle bringen will, endlich ihre Natur ändern, und in ein unliebliches Braun ausarten; gehet entgegen Blau, ohne Nachtheil seines Wesens und Namens, ganz an die Gränzen des Schwarzen selbst. Ja das allerschönste Schwarz, das wir aus der Färberey erhalten, hat seine Vollkommenheit vornehmlich dem Indig oder einem andern Blau zu verdanken, und zeigt noch immer einen Blick in diese Farbe.

IV. §.

In der Optik werden Weiß und Schwarz nicht für eigentliche Farben, sondern für die beyderseitigen äußersten Gränzen der Farben angenommen (*) und zwar also, daß Weiß, als das ganze Licht, die oberste Stelle über den Farben, Schwarz, als der vollkommne Schatten, die unterste unter denselben besetzt (**). Es würde schwer halten, diese Meynung auch in der Malerey und in dem gemeinen Umgange einzuführen: vielleicht würde man doch Weiß noch leichter als Schwarz aus der Zahl der Farben verdringen lassen, weil die tägliche Erfahrung zeigt, daß Körper z. B. rohe Stoffe, Wachs, Kalksteine u. d. m. weiß werden, wenn man ihnen durch Auskochen, Bleichen, oder Brennen, gewissermassen die Farben benimmt, die sie hatten; und daß Weiß, alleine fähig, alle an-

des

(*) Man kann hierüber Boylens Tractat de Nigred. et Albed. nachsehen.

(**) Es ist bekannt, daß, wenn man die durch das Prisma getheilten und denn gefärbten Lichtstralen wieder in einen Punct versammelt, eine weißlichte Farbe oder ein weißer Stral daraus entstehe. Ein gleiches erhält man, wenn man eine an einer Achse befestigte und vielfältig untertheilte Scheibe mit den Hauptfarben in gewissem Ebenmaaße bemalt, und schnell herumbrehet. Aus diesem aber schließt man, daß Weiß eine Vermischung von allen einfachen Farben, eine Sammlung von allen verschiedenen Lichtstralen, und also das vollständige Licht sey. Schwarz entgegen entsteht vom Mangel aller Lichtstralen, oder vielmehr (weil doch, was wir schwarz nennen, immer nur unvollkommen schwarz ist) von der geringen Zahl, oder von der äußersten Schwäche solcher Stralen.

deren Farben anzunehmen, den nöthigen Grund abgiebt, worauf man Farben trägt. Schwarz aber von der Würde einer eigentlichen Farbe auszuschließen, könnte bey den Künsten jenes ein noch stärkerer Beweisgrund seyn, daß, wie Weiß von Optikern durch Vermengung aller gefärbten Sonnenstralen, also Schwarz von Malern durch Vermischung aller andern, oder aller wahren Farben erhalten wird (*). Aber man sehe nun das Muster

---

(*) Dieses schien dem Hrn. v. Hagedorn nicht wohl glaublich (S. Betrachtungen über die Malerey 50. Deov.) Er nahm daher für die Sphäre der Malerey Weiß und Schwarz nebst Gelb, Roth und Blau für einfache oder Hauptfarben an, und wie er folgert, freylich mit gutem Grunde. Denn, wenn unter den Farben jene eine Hauptfarbe ist, die durch keine Mischung aus anderen kann erhalten werden; so ist unwidersprechlich, daß, wenn der Maler niemals ein Schwarz auf der Palette durch Vermengung hervorbringen kann, selbes für ihn eine Haupt- oder einfache Farbe seyn müße. Allein wir sind nunmehr durch eigene Versuche gänzlich überzeuget, daß man eine ganz schwarze Farbe nur durch Mischung verschiedener anderen erhalten kann. Und so kann sich nach der Vorschrift, die weiter unten stehen wird, ein jeder ganz leicht davon selbst überzeugen.

Aber was nun mit der weißen Farbe, die wohl nie aus andern vermischten Farben entstehen wird? Ganz unmöglich scheint dieses eben nicht: man hat ein solches gemischtes Schwarz entdecket, d. i. man ist auf eine Vermengung von gewißen blauen, grünen, gelben und rothen Materialien verfallen, die so wenig untereinander zu jener Verbindung geschickt sind, vermöge welcher sie die Lichtstralen häufig oder lebhaft zurückgeben sollten, daß sie dieselben vielmehr verschlingen, oder doch ganz entkräften, und also zusammen schwarz erscheinen: warum soll nicht, etwa auch ungefähr, noch ein anderes Ebenmaaß und solche bunte Materialien entdeckt werden können, die nach demselben vermenget, sich also verbänden, daß ihre Oberfläche die empfangenen Lichtstralen getreulich fast alle zurückwürfe, und uns also ein Weiß vorstellte; da uns die Optik schon einmal versichert, daß Weiß in der Versammlung verschiedener gefärbten Stralen bestehe? Einige Naturkündigen geben vor, daß man durch gewisse Vermengung gelber, rother, und anderer hohen sehr fein zerriebenen Farben ein weißes oder doch sehr licht- und weißgraues Pulver erhalte. Wir können es aus unserer Erfahrung nicht bekräftigen: die Sache erfoderte vielfältige Versuche, und also mehr Muße, als wir wohl haben. Dem sey aber, wie ihm will; wir glauben, daß man von Weiß und Schwarz als der äußersten Bläße und der äußersten Dunkelheit, und also den beyderseitigen Gränzen der sichern Farben gleichförmig reden soll; ob sie aber nun schon für Hauptfarben, nach unserer Meynung, auch bey der Malerey nicht wohl gelten können, werden sie doch glatterdings Farben (was die Optiker von beyden verneinen) bey den Künsten und in dem gemeinen Leben wohl immer zu genant seyn.

ster der 12 reinen Farben. Dennoch ist es nur ein unvollkommenes; denn wenn sich die Farben so ineinander verlieren sollten, daß das Aug nicht einmal die Gränzen bemerken könnte, dann müßte ihre Anzahl wenigstens noch einmal verdoppelt, und jedesmal aus Vermischung zwoer angränzenden eine neue Mittelfarbe zwischen sie gestellet, und alle an den Gränzen mit sonderbarer Genauigkeit untereinander vertrieben, oder verschmelzet werden; welches von den Illuministen bey größerer Anzahl der Stücke nicht wohl durchgehends geschehen kann.

III. Abschnitt.

Versuch einiger allgemeinen Regeln von Farbenzusammensetzungen.

I. §.

Eine jede dieser Farben, die hier in ihrer mittleren Stärke gegeben sind, kann heller und bläßer oder aber dunkler und tiefer seyn, und also verschiedne Grade des Lichts und der Bläße oder des Schattens und der Dunkle annehmen, ohne daß sie doch ihre Natur und ihren Namen ändre. Z. B. Rosen- und Purpurfärbigt bleibt Roth, und zwar in der nemlichen Gattung des Rothen, obschon der Grad ihres Lichts und Schattens sehr verschieden ist, und jenes sich der vollkommenen Bläße oder dem Weißen, dieses entgegen sich der vollkommenen Dunkle oder dem Schwarzen mehr nähert. Aber sollte man von dem, was bisher gesagt worden, und besonders von dieser Farbenscheibe nicht etwa eine und andere Regel für verschiedene unserem Auge angenehme Zusammenfügungen je zwoer dieser hohen Farben hernehmen, und fest setzen können? Man bedenkt, und berathschlägt sich zuweilen sehr lang, was man für eine Farbe wählen solle, wenn man zu einem Oberkleide von dieser oder jener sicheren Farbe ein Unterkleid oder doch einen Unterzug von einer andern zu nehmen bestimmet hat. Maler

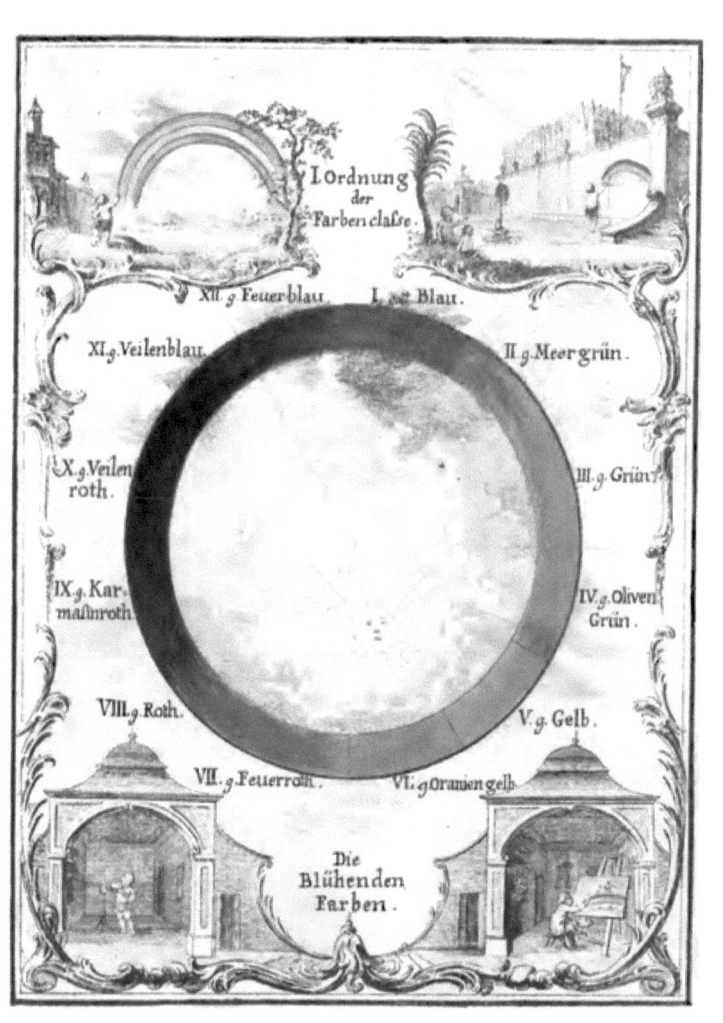

ser sind oft noch mehr verlegen; wenn sie in historischen Schilderungen viele Figuren vereinigen, und jede auf eine andere Art, wenigstens zweyfarbig, bekleiden sollen. Die Farben sollten dabey artig gegeneinander abstechen, und doch gewisser Weise so gelind aufeinander lassen, daß ihre Zusammensetzung dem Auge nicht wehe thue, sondern es vielmehr auf eine geheime Art ergötze; und immer einen feinen Geschmack beweise. Könnten nicht folgende Beobachtungen dienlich seyn?

II. §.

Weiß ist durchaus gesellig, und kann also mit demselben jede dieser zwölf feineren Farben füglich zusammengesetzt werden, auch Gelb nicht ausgenommen; ob sich schon dieses von Natur dem Weißen sehr nähert: dennoch ist kein gar bleiches Gelb zu wählen, ein Jonquill=Ocker=und Goldgelb lassen über einem zarten oder glänzenden Weiß ganz unvergleichlich. Die meisten übrigen Farben dieses Kreises können mit einem Weiß stehen, nicht nur, wenn sie in ihrer Völle oder ganzen Kraft der Farbe, sondern auch, wenn sie in einem höheren Grade des Lichts genommen werden, wie z. B. ein Feinblau, ein Sittichgrün, ein Rosenroth u. d. m. Das Weiße soll doch meistens die untere Stelle haben: und insgemein zu reden, soll die Farbe des Oberkleids fast jedesmal entweder von Natur der Farbe tiefer, wie Blau gegen Gelb ist, oder in Betrachte des Lichts und Schattens voller seyn, wie Sattgelb, Feuillemorte, Souci, Oranien, Zimmetfarbe gegen Bleumourant und dergleichen sind.

III. §.

Farben von zwo Gattungen, die auf der Scheibe so nahe nebeneinander stehen, daß sie nur eine einzige andere zwischen sich enthalten, vertragen sich weder auf einem Kleide, noch in einem Gemälde. Wir haben an ihrer Zusammensetzung jedesmal ein gewisses Mißfallen, welches man nicht wohl ein bloßes Vorurtheil nennen kann. Solche Farben sind z. B. Blau und Grasgrün, Olive und Orange, Roth und Violet u. d. m.

Wenn einmal ſchon zwo andere Gattungen dazwiſchen zu ſtehen kommen, ſtechen die Farben gegeneinander meiſtens genugſam ab, und laſſen dabey ſehr zart und niedlich. Z. B. mit Pfirſichblüth - und mit Flachs- oder Leinblüthfarbe (X. Gattung) ein hohes Blau (I. Gatt.): oder eben dieſes über ein ſanftes Olive (IV. Gatt.): über Paillen- oder über fein Lederfarbe (V. Gatt.) ein Ponceau oder ein Scharlachroth (VIII. Gatt.): neben einem hellen Olivengrün (IV. Gatt.) ein Safranblüthfarben oder ein Feuerroth (VII. Gatt.) u. d. m. Maler, die Einſicht und Geſchmack haben, brauchen dieſe und dergleichen Zuſammenſetzungen, um Figuren nach Erfoderniß ganz gering und ſeidenähnlich zu kleiden, ungemein vortheilhaft.

Sind aber die Farben durch drey dazwiſchen liegende Gattungen getrennet, ſo wird der Contraſt um ſo viel merklicher ſeyn; welches in einigen Umſtänden, wo die gekleidten Figuren vordringen, und lebhafter ins Geſicht fallen ſollen, faſt nothwendig iſt. Alſo werden z. B. Carmeſin, Amaranth und Purpur (IX. Gatt.) mit einem feinen Blau (I. Gatt.): oder entgegen ein hohes Blau mit Roſen- und Fleiſchfarbe (IX. Gatt.): Incarnat und Rubinfarbe (IX. Gatt.) mit Paille (V. Gatt.): mit einem hellen Celadon (II. Gatt.) ein Goldgelb, Souci, und Oranien (VI. Gatt.): oder Oranien mit Grisdelin (X. Gatt.) u. d. m. ziemlich laut, wie die Maler reden, gegeneinander abſtechen, ohne daß doch dabey die Annehmlichkeit verlohren gehe, die ſich auf die Verwandſchaft und Verbindung gründet, welche ſolche Farben in dieſer Entfernung noch beybehalten. Um dieſe Verwandſchaft einzuſehen, erinnere man ſich nur deſſen, was wir oben gemeldet haben, daß z. B. Celadon zwar größtentheils Blau ſey, aber doch auch vom Gelben etwas entlehnet habe, und eigentlich aus 3 blauen Theilen und einem gelben; Oranien aber aus 3 gelben und einem rothen beſtehe; daß Carmeſinroth, Pompadour und Purpur immer ſchon ein wenig ins Blaue blicken, und jene erhabene Anmuth, wodurch ſie vor allen anderen Farben der Wahl der Herrſcher würdig wurden, ebem dem obſchon geringen Theile des allzeit prachtvollen Blauen, der die gar zu groſſe Lebhaftigkeit des Rothen ſanft und vortheilhaft mäßiget, zu verdanken haben; und ſo von andern.

Einige Farben sind neben oder übereinander noch sehr erträglich, wenn sie auch schon auf der Scheibe durch vier Mittelgattungen voneinander abgesondert sind; der Abstand fällt alsdann freylich stark und gewaltig aus, aber viele lieben das Bunte; und insgemein sind doch solche Farben durch eine einfache dritte, die einen zwar nur geringen Theil beyder also entfernten ausmacht, noch einigermassen unter sich verbunden. Solche Zusammenfügungen, die geduldet werden, ja einigen auch sehr gefallen, sind z. B. Sittich- oder Papageyengrün (IV. Gatt.) mit Kirschenfarbe (IX. Gatt.): Hochrosenfarbe (IX. Gatt.) mit Apfelgrün (IV. Gatt.): Gras- und Stahlgrün (III. Gatt.) mit Scharlach oder mit Krebsenroth (VIII. Gatt.): Blau (I. Gatt.) mit Aurora- oder mit Marillenfarbe, mit Isabelle oder mit Quittengelb (VI. Gatt.) u. d. m.

Wenn aber endlich die zwo Farben von beyden Seiten gar durch fünf andere Gattungen voneinander entfernet sind, und also in dem Cirkel gerade gegenüber stehen; dann kann ihre Zusammensetzung insgemein nur jenen Sinnen gefallen, die allein von recht starken Gegenständen gerühret zu werden gewöhnet sind. Solche wären z. B. Blau (I. Gatt.) mit Mennig- oder Ziegelroth (VII. Gatt.): Veilenblau (XI. Gatt.) mit Gelb (V. Gatt.): Hoch- und Zinnoberroth (VIII. Gatt.) mit Grünblau oder Spangrün (II. Gatt.) u. s. w. Mit diesen letzten Farben kann man auf dem Lande hölzene Lehnstühle, Spinnrocken und dergleichen Hausgeräthe in der Menge buntscheckigt bemalet sehen: verständige Maler nennen eine solche Farbenfügung auf Gemälden giftig und eine Schachtelmalerey. Man muß doch bekennen, daß hier Ausnahmen Platz haben, und daß man zuweilen solche auch so sehr entgegengesetzte Farben, wenn sie, um rohe wollene Kleidung oder sonst grobe Stoffe zu entwerfen, trüb gebrochen, oder doch in sehr verschiedenen Graden des Lichts und Schattens angewandt werden, wohl aussöhnen, und vereinbaren kann.

IV. §.

Für die so genannten Schielertafte (Etoffes changeantes) giebt sich eine deutliche Anleitung aus der Farbenscheibe gleichsam von sich selbsten. Man weis, daß zu denselben der Eintrag oder Querfaden von einer andern
Far-

Farbe genommen wird, als jene des gerablaufenden Fadens ist, um aus dieser unvollkommenen Vermengung eine dritte oder Mittelfarbe im geraden Lichte so zu erhalten, daß sich bey verschiedener Wendung doch auch die zwo Grundfarben wechselweise zeigen. Nun ist nur die Frage, welche zwo Farben für die zweyerley Faden zu wählen sind, um diese oder jene bestimmte Mittelfarbe zu erhalten? Und hierauf ist die Antwort: entweder die auf der Scheibe beyderseits daranstoßenden obschon auch nur Mittelfarben, oder die zwo nächstgelegenen Haupt- oder einfachen Farben, z. B. Für den ersten Fall, zu Orange Gelb und Feuerroth; zu Olive Grün und Gelb. Für den zweyten Fall, zu Veilenblau Blau und Roth oder doch Carmesin, u. s. w.

Die verschiedenen Grade des Lichts und Schattens aus einer und der andern Farbengattung geben über das fast unzählige Abänderungen an die Hand. Grün wird doch aus den zwo einfachen Farben Blau und Gelb, weil sie in solchem Stoffe nicht wahrhaft gemischet, sondern nur neben- und untereinander gestellet sind, nicht vollkommen erhalten. Entgegen lassen sich hier Grün und Roth vereinbaren, und bringen fast ein Stahl- oder sonst tiefes Grün hervor; da sie doch bey einer vollkommenen Vermischung nur ein dunkles Braun geben würden.

V. §.

Auch Maler wagen es nicht selten, dergleichen wechselfärbigten Taft an leichten oder zarten Gewändern ihrer Figuren vorzustellen; und sie setzen zuweilen auch mit sehr kühnen Farbenfügungen glücklich durch; als da sie die erhobenen oder stark beleuchteten Theile einer Kleidung mit Leibfarbe, die Falten aber oder die Schattentheile mit Grün, oder jene mit Paille- oder mit Citronenfarbe und diese mit Lilas oder einem Veilroth bemalen. Allein es gehört hiezu die Einsicht und Geschicklichkeit eines Farbengebers, der die Freundschaft der Farben in ihrem ganzen Umfange kennt, und selbst sehr entfernte durch verschiedene Stuffen, oder einstimmige Mittelfarben artig und sanft zu verbinden weis. Eine Copie wird sich besonders in diesem Stücke sehr leicht verrathen.

IV. Abschnitt.

Anordnung der trüben Farben, und Einrichtung der Farbenbenennungen.

I. §.

Wir haben bisher nur von den hohen und lieblichen, einfachen oder doch jenen Farben gehandelt, die nur aus zwo gemischten Farben entspringen. Tritt nun zur Mischung auch die dritte bey, so entsteht eine braune oder graue Farbe, die für sich betrachtet insgemein etwas Mattes, Trübes und Rauhes hat, in Gesellschaft der vorigen aber ungemein gewinnt; weil sie mit denselben absticht, und ihren Glanz erhebet. Farben von dieser Gattung erscheinen in der Natur, besonders aber im Mineral- und Thierreiche, wohl am öftesten, welche Absicht der weiseste Schöpfer auch gehabt haben mag; vielleicht wollte er uns jene zarten und hohen Farben durch ihre Seltenheit bestomehr empfehlen; vielleicht würde uns ihr Glanz, ihre Lebhaftigkeit ungemildert durch die Gesellschaft der sittsamern endlich stumpfend und ungeschmackt werden. Immerhin! die Anzahl der trüben Farben von dieser zweyten Ordnung ist viel größer als jene der ersten.

Castell gab auch auf diese einen Fingerzeig, fand aber vielleicht zu seinem Vorhaben unnöthig, sich in selbe weiter einzulassen (*). Wir werden

---

(*) Seine Hauptabsicht war, die Analogie zwischen den Farben und Tönen in der Musik zu zeigen; wozu er diese Farben, die er zuweilen traurige, rauhe und unreine nennt, für untauglich hielt. Man muß doch gestehen, daß einige von diesen Farben, auch für sich allein, eine gewisse Anmuth haben, z. B. ein Goldbraun, ein Zimmetbraun, ein Nelken- oder Purpurbraun, u. s. w., oder daß sie wenigstens nicht mehr Trübe und Traurigkeit als ein tiefes Grün, ein dunkles Violet u. d. g. zeigen. Man mag sie unterdessen doch schon insgemein harte Farben nennen, um sie von jenen der ersten Ordnung den lieblichen oder blühenden zu unterscheiden, und bey der Haupteintheilung des Plinius zu bleiben. „Sunt autem colores austeri aut floridi.

den es doch verſuchen, ſie in einiger Ordnung vorzuſtellen. Sie entſtehen, wie wir ſchon angemerkt haben, aus der Vermengung der drey Hauptfarben Gelb, Roth, und Blau (*), welches doch allezeit von ungleicher Vermengung zu verſtehen iſt. Es muß nämlich immer eine vor den zwo ans

Nat. Hiſt. Lib. 35. cap. 6. Ob man ſchon nicht verhöhlen muß, daß dieſe Abtheilung des Plinius vielmehr auf die Koſtbarkeit oder den geringen Werth der Farbenſtoffe, als auf die Lebhaftigkeit oder die Härte der Farben zielte: wie es ſeine folgenden Worte zeigen „. Beyde entſtehen entweder von Natur oder von Miſchung. Blühende Farben ſind diejenigen, welche der Herr dem Maler beyzuſchaffen pflegt, der Menig, (Zinnober,) das armeniſche Blau, u. ſ. w. — Die übrigen ſind hätte oder rauhe „. Unter denen doch Auripigment, Oker, verſchiedene Bleyweiſſe, hochfärbigte Röthel, u. d. m. zu ſtehen kommen.

(*) Und dieſes ihr Herkommen aus Vermiſchung aller drey einfachen Farben, die, wenn ſie nicht ſchon auf eine geheime Weiſe von der Natur gewirket worden, immer von dem Maler oder Färber geſchehen muß, iſt der eigentliche Charakter, der dieſe Farben von jenen der erſten Ordnung unterſcheidet. Hr. D. Schäffer (Entwurf einer allgem. Farbenvereins) ſetzt Braun mit Schwarz, Weiß, Roth, Gelb, Grün, und Blau als ſieben Hauptfarben an. Er verſieht aber, wie man aus dem Verfolge abnehmen kann, durch das Wort Hauptfarbe nicht ſo viel eine einfache (ob er ſich ſchon auch dieſes Ausdruckes zuweilen bedient) als eine nicht erſt durch des Künſtlers Hand gemiſchte, ſondern von der Natur alſo hervorgebrachte oder natürliche Farbe. Und in dieſem Verſtande giebt es freylich eben ſo wohl oder noch mehr braune, als grüne, violete, und orangen= oder ſafrangelbe einfache Farben. Der gelehrte Herr Verfaſſer hat bey Bearbeitung ſeines Entwurfs (wie er an mehr Orten zu verſtehen giebt) ſeine Illuminiſten öfter zu Rathe gezogen; von den Illuminirern aber, oder auch von einigen Malern iſt es bekannt, daß ſie freylich Braun insgemein unter ihre Hauptfarben zählen. L. Bapt. v. Albertis (de Fiſtura Lib. 1.) war mit ihnen einerley Meynung. Er ſuchte einen Grund hiezu aus den zu ſelber Zeit in der Naturlehre feſtgeſetzten Elementen, und behauptete dann, daß es eben auch vier und mit jenen übereinſtimmende Haupt= oder einfache Farben gebe, nämlich Feuerroth, Luft= oder Himmelblau, Waſſergrün und Erdfarben. Die Ingenieure entgegen brauchen außer dem Bitre oder gekochten Liehnruſſe, welchen ſie doch vielmehr für ein tiefes Gelb anſehen, und immer nur ſehr blaß auftragen, nicht leicht ein anders, als durch Miſchung von Roth, Gelb und ein wenig chineſiſcher Dinte erhaltenes Braun. Wir werden zu ſeiner Zeit ſehen, daß auch die Färber, beſonders in Frankreich, wo ſie von dem groſſen Colbert ihre Einrichtung und Vorſchrift der Materialien empfangen haben, den Stoffen verſchiedene braune Farben, ohne eigentliche braunen Materialien, nur durch Miſchung von Roth, Gelb und Blau zu geben pflegen.

andern, oder doch zwo vor der dritten herrschen; denn sollten alle drey in ganz gleichen Theilen vermischet werden, so gäbe es eine unreine, finstere, unnennbare Farbe, die sich mit einem wenigen Zusatze von Blau gar in Schwarz verwandeln würde(*). Wir werden ihre Ordnung, nach dem Maaße des Vorzuges, den eine der drey Farben in der Mischung vor den andern hat, einrichten, und von der gelben den Anfang machen. Die Mischung, wo sich diese Farbe vor andern zeigt, belegen wir mit dem allgemeinen Namen Gelbbraun. Rothbraun heißt uns jene, wo die rothe überwiegt(**); und spielt das Blaue oder Schwärzlichte den Meister, so läßt sich schicklicher Grau, als Blaubraun sagen.

C 3   II. §.

(*) Dieses künstliche Schwarze erhält man desto leichter, wenn man mehrerley Gelb, und also auch verschiedenes Roth und Blau, welches letztere immer herrschen muß, vermenget. Man sieht hieraus, daß wir in unseren Grundsätzen von Mischung der drey Hauptfarben eben nicht vieles ändern, wenn wir, um eine braune Farbe zu erhalten, anstatt der Blauen, itzt gemeldtes, oder auch ein ander Schwarz brauchen, und mit Gelb und Roth vermengen. Die Mischung zu jenem Schwarzen kann z. B. seyn: 24. Theil Berlinerblau, 7. Indig, 2. Bergblau, 4. Lack, 3. Carmin, 3. Bister, 3. Gummigutä. Wenn man unter dem Reiben vermerkt, daß sich die Mischung aus dem Dunkeln noch ein wenig Weißroth zeige, so hat man vom Gelben etwas beyzusetzen; sollte dieselbe aber etwa noch ins Grüne blicken, so muß man Roth vermehren, u. s. w. Man darf sich aber nicht wundern, daß hieraus eine schwarze Farbe entstehe; auch die Färber (wie wir weiter unten ausführlicher anmerken werden) setzen ihre schwarze Suppe oder Farbenbrühe meistens aus allerley sonst hochfärbenden Materialien an; oder ziehen die Waaren nach und nach durch verschiedene hohe und einfache Farben, nur jedesmal mit einem Beysatze von Vitriol, Weinstein, oder dergleichen scharfen Dingen.

(**) Braunroth ist von Rothbraun wohl zu unterscheiden. Es bedeutet uns nur ein tieferes Roth. Und wie bey diesen, so muß man sich auch bey allen andern Verdopplungen der Farbennamen der Regel erinnern, die Schottel giebt (Abhandl. v. Urspr. der deutschen Sprache. 6. Lobr.) und an die wir uns genau halten werden. „Der Grund des verdoppelten Wortes ist allzeit dasselbige, welches in der Verdopplung als ein Hauptsinn oder Hauptbedeutung gehalten wird, und allezeit die Hinterstelle des Wortes einnimmt."

II. §.

Es kann in der Natur keine Farbe geben ohne einem gewissen Grad des Lichts und des Schattens, der Helle oder der Dunkle; Licht und Schatten hingegen können ohne eigentliche Farbe auch gemischet, und eines durchs andere gemäßiget für sich selbsten bestehen. Diese Mischung giebt nach verschiedenem Maaße verschiedene Aschenfarben, gleichsam als Mittelfarben zwischen Weiß und Schwarz, (*) die wir gleichfalls in ihrer Ordnung aufführen werden, nachdem wir zuvor die wahren, und vorzüglichst die reineren und glänzenden Farben durch alle Grade ihrer Höhe und Tiefe werden vorgestellet haben.

III. §.

Die Quelle der größten Schwierigkeiten bey einem solchen Unternehmen sind die Namen der Farben; viele darunter sind sehr unbestimmt, und werden wohl auch auf zehnerley merklich unterschiedene Farben angewandt. Ein einziges Beyspiel: von eben demselben Handelsmanne wird man leicht vier oder fünf in der Farbe ziemlich ungleiche Muster von so genannten pompadourfärbigten Tüchern, Seidenstoffen, Näheseiden oder andern dergleichen gefärbten Waaren erhalten können. Wie, wenn man selbe noch aus unterschiedlichen Kaufmannsbuden der nemlichen Stadt? Wie wenn man sie aus verschiedenen Städten und Provinzen zusammensuchen sollte? Und wenn man noch darüber die Menge der Leute, die gern von Farben sprechen, auftreten ließe? Im Gegentheile giebt es sehr viele Farben, die gar keine Namen zu haben scheinen, und wir wissen niemanden, der es gewagt hät-

---

(*) Diese Aschenfarben oder auch Silber- Maus-Eisenfarben, und welche Namen sie sonst haben mögen, unterscheiden sich von den Farben der zweyten, oder auch von jenen der ersten Ordnung dadurch, daß sie gewissermaßen einfach sind, oder aus keiner andern Mischung als des Lichts und Schattens kommen, ohne daß sie doch von einem oder dem andern dieser bepden, dem Weiß und Schwarz, ihre Namen auf die Art, wie wir Blaßblau, Hoch- und Dunkelblau sagen, entlehnen können. Wir denken sie daher in eine dritte Ordnung etwa unter dem Namen der helldunklen Farben zu stellen.

hätte, sie ordentlich und durchgehends mit welchen zu bezeichnen (*). Wir werden es eben nicht unternehmen, neue Namen zu schöpfen; wir haben uns aber beflissen die schon üblichen genau zu sammlen. Wenn wir das mit ausreichen, muß sich ja dadurch der Reichthum unserer Muttersprache wohl

(*) P. Castell legt kaum andern Farben Namen bey, als jenen zwölf, die wir oben nach ihm genannt haben. Hr. Mayer setzt über seine 91 in ein Dreyeck gestellte Farben nur eben so viele Numern. Allein sein Absehen war gewiß nicht, sie im gemeinen Leben anzuwenden. Hr. D. Schäffer scheint bey seinem Entwurfe (14. S.) auch ein wenig verlegen zu seyn, „wie man einer jeden der gemischten oder gebrochenen Farben ihre eigenen Unterscheidungsnamen zu ertheilen habe? Er glaubt erstens, bey den jenigen Farben, die er nach gewissen Dingen aus den drey Reichen der Natur zu mischen räth (10. S.), dürfte man nur die Sache, nach welcher die Farbe entstanden, zum Beynamen der Hauptfarbe machen. So nennt er z. B. in seinem Muster von der rothen Farbe aus dem Thierreiche Stiegligroth, Baumbäckelroth, Seidenschwanzroth, Hohlkrähenroth, u. s. w. Hernach schlägt er für die übrigen gemischten Farben noch drey Auswege vor. „Man solle ihnen entweder gewisse Namen von bekannten Personen, gelehrten Leuten, Naturforschern, Künstlern und dergleichen beylegen, wie Pompadour u. s. f. Er merkt aber selbst an, „solches möchte darum nicht anständig seyn, weil selbst in der Kräuterlehre sehr vielen gelehrten Männern diese Benennungsart mißfällt. Oder man soll„ diejenigen Farben zusammensetzen, und aus ihnen einen einzelnen Namen machen, aus deren Mischung diese und jene Farbe entstanden ist. Der einsichtsvolle Naturkündige macht sich aber auch daselbst den Einwurf, „die Benennung würde wohl unangenehm ausfallen, wo vier, fünf, sechs, und mehrere Farben zur Mischung kommen. Er setzt doch bey,„ seine Maler und Illuministen haben ihn versichert, daß wenigstens bey Insecten dieser Fall sehr selten sich ereigne. Allein es scheint doch, daß Hr. Schäffer zur Anlegung seiner Farbenmuster nur jene Farben habe nehmen lassen, die seine Maler und Illuministen zur Auswalung seiner Insecten gemischt und angewandt haben (S. Vorbericht u. 8. S.) und würde demnach nicht auch aus selben einige mit einem einzelnen zusammengesetzten Namen zu benennen ein wenig schwer fallen, wie z. B. sein Roth 112. welches, wie er anmerket, aus Brasilien, Florentinerlack, Bleyweiß, und Englischroth vermenget ist? Oder das Roth 140. das aus Florentinerlack, Englischroth, Umbra und Brasilienroth gemischt zu seyn angegeben wird? Und doch ist Roth sonst eine einfache oder Hauptfarbe; mit dem Mittelfarben, wie Violet, möchte es denn wohl noch ein wenig schwerer lassen. Endlich hält er für den kürzesten, sicherften, und annehmlichsten Ausweg jenen, auf den er auch seinen Entwurf gegründet, und nach dem er das Farbenmuster eingerichtet hat, daß man zu der Hauptfarbe die Numer jenes Faches aus dem Farbenmuster nenne, wo diejenige gemischte Farbe sich befindet, welche man anzeigen will. Z. B. ––– ist Roth Nro 12. ––– Gelb Nro. 26. u. s. w. Der Herr Verfasser hätte Recht; wenn

wohl mehr empfehlen, als sich jener der lateinischen nach Meynung Favorins beym Gellius (*) durch dieses zeigte, daß Fronto etliche Namen aufzuführen wußte, die verschiedene Grade der rothen Farbe ausdrückten (**) wodurch er der griechischen Sprache den Vorzug vor der lateinischen wo nicht entrissen, doch streitig gemacht haben soll (***).

Aber können wir wohl hoffen, bey so häufigen Abwechslungen der einfachen und gemischten Farben mit üblichen Namen auszulangen? Wenigstens Schottel (****) hat uns versichert, daß „so wunderreich und überkünstlich immer die Natur in den mannigfaltigen Unterscheidungen der Farben spielet, dennoch die Kunst unserer deutschen Sprache der Natur hierinn nichts bevor gebe, sondern die hundertley Arten der Farben alle kürzlich, lieblich und gründlich nachrede„. Es ist viel gesagt; wir wollen es doch versuchen. Man wird uns aber einige Provinzialausdrücke vergeben, die man schon in andern Büchern findet, und die wir denn auch entweder aus Mangel besserer gebrauchen, oder doch zu diesen, um unsern Landsleuten recht verständlich zu seyn, hinzusetzen werden.

Was anderes theils die Unrichtigkeit einiger bekannten Farbennamen betrifft, werden wir besorgt seyn, die sich einander zu widersprechen scheinen,

es nur dem Gedächtnisse nicht zu sauer würde, sich, wenn es immer nöthig ist, den Begriff jeder solchen Farbe durch eine sonst nichts bedeutende Numer eben so zurück zu ruffen, wie, wenn wir sagen: Himmelblau, Schwefelgelb, Rosenroth, Kastanienbraun, u. b. m.

(*) Auli Gellii Noctes Atticae Lib. 2. c. 26.

(**) „Tum Fronto: ——— non enim haec sunt sola vocabula rufum colorem demonstrantia, quae tu (Favorine) modo dixisti, russus & ruber: sed alia quoque habemus plura, quam quae producta abs te graeca sunt. Fulvus enim & flavus & rubidus & phoeniceus & rutilus & luteus & spadix appellationes sunt rufi coloris, aut acuentes eum, &c.

(***) „Tum Favorinus ——— absque te, inquit, uno forsitan lingua profecto graeca longe anteisset; sed tu mi Fronto! quod in versu Homerico est, id facis: Και τινας ἐπ᾽ ἀργῆ ἀρρήσεις ἔθηκας.

(****) Ausführliche Abhandlung vom Ursprr. u. Aufnahme der deutschen Sprache, 6. Lobr.

I. Gatt.	Blaue Schattirung.	Color Caeruleus.	Les Nuances du Bleu.
A	a. Weiß. (Schneeweiß.) b. Silberweiß. Perlenweiß.** c. Milchweiß. Milchfarbe. Weißlicht.	a. Albus. (Niveus. Candidus.*) b. Argenteus. c. Lacteus. Lactescens.	a. Blanc. Blanc pur. b. Blanc d'argent. Blanc argenté. Blanc de perle. c. Blanc de lait. Couleur laiteu
B	a. Blauweiß. Bläulicht. Porcellanfarbe.* b. Perlenfarbe. c. Bläulichtweiß. Wasserfarbe. Diamantfarbe.	a. Lacteocaeruleus. b. Margaritaceus. c. Albocaeruleus. Aqueus.	a. Bleu blanc. Bleuâtre. b. Couleur de perles. Couleur de nacre. c. Couleur d'eau.
C	a. Weißlichtblau. b. Silberblau. c. Wasserblau.	Caerulescens. Subcaeruleus.	Bleu naissant.
D	a. Mattblau. Magerblau. Schwachblau. Glockenblumfarbe. b. Graublau. Hechtenblau.* c. Blaßblau. Bleumourant. (Blümesant.) Bleichblau.	a. c. Pallide caeruleus. (Caeruleus pallens, tabescens, languidus, evanidus. b. Caesius.** Dilute caeruleus.	Bleu mourant. Bleu pâle.
E	a. Feinblau. Sächsischblau. Zartblau. b. Aschenblau. c. Lieblichblau. Sanftblau.	Blande caeruleus. Suaviter caeruleus.	Bleu mignon. Azurin.
F	a. Himmelblau. Lebhaftblau. (Himmelschön.) b. Lichtblau. c. Saphirblau. Hellblau.	Caeruleus. Belle, laete caeruleus. (Caelestinus. Aereus.) Saphirinus.	Bleu celeste. Couleur du Ciel.

Lazurblau. (Lasurblau.) Ultramarinblau.* Blau. Himblau. Mittelblau. Grünblau. Hochblau. Kornblumenblau.	Cyaneus. (Caeruleus Cyaneus.)	a. Bleu d'azur. (Azur.) Bleu d'outremer. b. Bleu. Bleu complet. c. Bleu-beau. Bleu-Reine.	
Vollblau. Röthlichblau. Stahlblau. Blassblau. (Blauhlich*) Glimmerblau. Türkisblau.** (Türkisen.)	Intense caeruleus. Saturate caeruleus.	Bleu couvert. Bleu turquin. Couleur de turquoise.	
Dunkelblau. Französischblau. (Schmalten.) Stahlblau. Indigblau. (Anidablau. Indigo.)	Profunde caeruleus. (Cyaneus fuscus.) Indicus.	Bleu de Roi. Bleu foncé. Bleu brun clair. L'indien.	
Beerblau.* Lasurblau. (Dunkelveilblau.) Schladenblau. Schmelzblau. Dunkelstahlblau. Braunblau. (Blau von Sachsen. Schwarz und Blau.) Bleichschwarzblau.	a. Obscure caeruleus. (Caeruleus obscurus.) b. Profunde Cyaneus. (caeruleus subnigricans.) c. Lividus.	a. Bleu pers. Bleu brun. Fleur de Guède. b. Bleu de forge. c. Livide. Bleuâtrebrun.	
Eisenblau. Schwarzbläulich. Wolfenschwarz. Schwarzblau.	Atrocaeruleum, Caeruleonigrum. Nigro caeruleus. Atrocaeruleum. Atrocyaneum.	a. Bleu noirâtre. b. Bleu d'enfer. c. Bleu noir.	
Blauschwarz. Blaulichtschwarz. Kohlenschwarz.* Sammetschwarz. Rabenschwarz. Gagatschwarz. Glanzschwarz.	Caeruleoniger. Caeruleotinctus. Ater.*	a. Noirbleu. Noirbleuâtre. Noir de Charbon. b. Noir. Noir velouté. c. Noir de jais.	

	a	b	c
A			
B			
C			
D			
E			
F			
G			
H			
I			
K			
L			
M			

nenden Bedeutungen zu vereinigen, die ungewissen und wankenden durch Vergleichung vielerley von Kaufleuten mit Namen belegten Farbenmuster und verschiedener Anmerkungen der Ingenieure, Maler und Färber besser zu bestimmen, bey jedweder Farbe ihre Stoffe und Mischungen anzumerken; welches unter andern sonderbar unseren Illuminirern dienen mag. Indessen sehen wir diesen Entwurf für einen Versuch an, der mit der Zeit durch unsere oder fremde Zusätze zu viel größerer Vollkommenheit reifen mag, und denken mit Horaz:

> Est quodam prodire tenus, si non datur ultra.

V. Abschnitt.

Anmerkungen über die angeführten Farbennamen.

Wir haben schon erinnert, daß die hier den Farben beygelegten Namen nicht neu geschöpft, sondern, als übliche aus dem gemeinen Umgange oder vielmehr aus Büchern, derer wir fast bey jeder Benennung einige anziehen könnten, gesammlet worden sind. Da es Deutschlande an einer Akademie fehlt, die durch allgemeine Einstimmung mit genugsamer Macht versehen wäre, neuen schicklichen Benennungen das Bürgerrecht zu ertheilen, um hiedurch den sich täglich erweiternden Kenntnissen auch mit der Sprache zu folgen, muß wohl zuweilen die Autorität eines größern Publicums oder auch einzelner Schriftsteller hinlänglich seyn. Wir werden also für diesen Theil kaum eine fernere Rechenschaft zu geben haben. Fast nur die Stelle, die jeder Namen in den Stuffen des Helldunklen, oder bey den verschiedenen Arten der blauen Farbe hier einnimmt, könnte etwa noch anstößig seyn. Man kann doch nicht jedes Lesers Zweifel über diese oder jene von solchen Benennungen zum voraus sehen: wir wählen also nur diejenigen einigermassen zu erläutern, von denen wir vermuthen, daß sie vor andern einigem Widerspruche mögen ausgesetzt seyn. Man wird von diesen

D auf

auf andere schließen, und daraus urtheilen können, daß wir auch für die Bestimmung der übrigen Gründe gehabt; ob wir schon für überflüßig hielten, alle hier beyzubringen.

A. Candidus bedeutet bey Herrn von Linné und einigen anderen Naturkündigen ein sehr schönes Weiß, fast eben wie niveus (schneeweiß) und sagt dann mehr als albus. Unterdessen scheint doch auch das schönste Bleyweiß ein wenig etwas Bläulichtes in sich zu haben, welches sich noch besser in der Mischung zeigt; indem es, wenn es schon mit einem sehr feinen Florentiner- oder andern hochrothen Lak gemischet wird, fast ein Gris-de-lin giebt, das ins Violete blicket, und zu der veilrothen Gattung gehöret.

(**) Wir glauben nicht, daß man es für eine große Unvollkommenheit in dem Lehrgebäude der Farben halten würde, wenn man etwa den nämlichen Namen einer Farbe in zwo verschiedenen Farbengattungen finden sollte, wie z. B. Silberfarbe hier und wieder bey Bläulichtgrau. Es lassen doch einige Farben unter dem nämlichen Namen wenigstens verschiedene Stuffen oder Abänderungen zu, nicht nur im Betreffe des Lichts oder Schattens, wie Licht- und Dunkelsilberfarben, sondern auch die Natur der Farbe selbsten belangend: man nennt Perlenfarben, Silberfarben, was aus dem Weißen ein wenig ins Blaue gehet; und man nennt auch so, was ins Graue fällt. Reaumür, der in Bestimmung der Farben so genau ist, setzt couleur blanc d'argent oder Blanc argenté mit Blanc bleuâtre als eines zusammen. Maler schreiben vor, Perlen mit Weiß und ganz wenig Blau zu malen, (S. Neues Handb. für Künstler) ein andersmal liest man doch bey Reaumür wie bey andern: Gris de perle, Blanc gris de perle. Und Frisch (T. L. Wörterb.) sagt mit andern auch Silbergrau. Die Färber machen ebenfalls ihre silberfarbenen Stoffe meistens graulich oder auch sehr licht aschenfarben. Man darf sich aber eben nicht sehr wundern; die Natur ist sich selbst nicht durchaus gleich, und natürliche Dinge, wovon den Farben etwa ein Namen beygelegt worden ist, ändern immer ein wenig ab: ein Gold ist bleicher oder gelber, ein anderes feuriger oder röther; das Silber kömmt nicht ganz einerley von verschiedenen Bergwerken, und das Geprägte oder Verarbeitete ist nicht leicht ohne allen Zusatz von einem oder anderem Metalle, und entweder frisch oder veraltet; wie sollten nicht ein wenig unterschiedene Farben, jede mit Recht, den Namen davon entlehnen können? Die in unseren Fachen aufgetragenen Farben werden dabey immer verschieden seyn, und jede eigentlich zu ihrer Gattung gehören: und weil auch aus gemeinen Benennungen vielleicht doch einige Verwirrung entstehen könnte, werden wir auch vermeiden, ganz den nämlichen Namen irgendwo zu wiederholen, und also, wo wir hier silberweiß sagen, ein andersmal silberfarben oder silbergrau setzen.

B. Dieser Namen **Porcellanfarbe** ist von sehr weißlichtblauen, oder vielmehr blaulicht weißen Seidenstoffen wenigstens in Wien bey Seidenkrämern und anderen im Gebrauche: noch Wallerius ist die Farbe wohl bestimmet. „Aechter Porcellan, sagt er, Mineralogie Anhang. 536. S. ist halb durchsichtig mit blaulichter Farbe„. Es scheint also auch der Namen nicht unrecht entlehnet zu seyn.

D. Durch das Wort **Hechtenblau** wird doch jenem, fast üblicheren, von eben dieser Art der Fische entlehnten Farbennamen **Hechtengrau** sein Werth nicht benommen; allein er gehört mit geringer Veränderung der Farbe zu einer anderen Gattung.

* * Caesius ist eigentlich die Farbe blauer Augen. A. Gellius (*Noctes Att. L. 2. c. 26.*) leitet dieses Wort von Caelum her, wovon gewiß Caeruleus kömmt. „Nostris autem veteribus Caesia dicta est (Minerva) quae a graecis γλαυκῶπις, ut Nigidius ait, de colore caeli, quasi caelia. Cicero giebt doch klar zu verstehen, daß Caesius und Caeruleus nicht ganz einerley Farbe bedeuten, da er (1. de Nat. deor.) schreibt „ Caesios oculos Minervae, Caeruleos Neptuni.„

Sonst hält man dafür, daß auch Glaucus einerley Bedeutung mit Caesius (bleich- oder lichtblau) habe: und die aus Gellius angeführte Stelle scheint dieses zu bekräftigen; Plinius sagt: „Oculi Glauci iisdem, qui & Caesii L. 8. c. 21. Und Virgil gebrauchet sich dieses Worts, graublaue lichtweise Pferde oder Schimmel anzudeuten„ honesti spadices Glaucique. L. 3. Georg. Es sollte also auch Glaucus hieher in die blaue Farbengattung kommen? Es wäre geschehen, wenn dieses Wort, da es nach alten Schriftstellern zugleich, und vielleicht besser die Bedeutung von **Grünlichtblau** oder **Meergrün** zuläßt, nicht in jener Gattung nöthiger wäre, oder wenn wir es so leicht wiederholen wollten. So glauben wir auch, daß alte **Color venetus** sey eben vielmehr für dieselbe Gattung aufzubehalten; indem uns Vegetius (*de re mil. L. 4. c. 37.*) belehret, daß es die Farbe der Meerwogen ist, „colore veneto, qui marinis est fluctibus similis.„ Ob es schon, nach einiger anderen Schriftsteller Sinne, auch daher könnte gesetzet werden.

G. **Ultramarinblau** und, welches weiter unten steht, **Indigblau**, von den Farben, die der Ultramarin und der Indig giebt, oder auch selbst von dem Ansehen dieser Materialien entlehnte Namen können zweifelsohne eben so gut gelten, als z. B. **Zinnober-** und **Menig-** oder **Mienienroth**; wovon das erste französischen Naturkündigen und sonderbar dem Valmont (*S. Dist. rais. univ. d'Hist. nat.*) sehr geläufig ist, da er von Papageyfedern öfters schreibt: Rouge de vermillon oder auch nur beau vermillon und ein andermal couleur de Cinnabre; das letzte aber auch schon unter andern bey **Frisch** und **Blankart** von Raupen oder Schmetterlingen, bey Hrn. **Beckmann** von Sonnenkäfern gelesen wird. Aber auch **Ultramarinblau** kömmt schon von Faltern bey Rösel und

und einigen andern vor. Und der Namen Indig oder Indigblau wird von den Physikern selbst von einer der Scheinfarben des Regenbogens fast durchaus gebraucht. In dem Musaeum Richterianum, das in Sachsen heraus gekommen ist, liest man von der Farbe eines Schmetterlings auch Berlinerblau, welches wie uns doch nicht getrauten nachzuschreiben, weil es vielleicht nicht ganz richtig ist; indem man, wie es scheint, vielmehr Berlinerblaublau oder doch Berlinerblaufarben sagen müßte.

H. Blaublank sagt man, schreibt Schottel (1. B. 6. Lobr.) wann solche Farbe über die güldene oder silberne Farbe gestrichen wird, doch daß die unterste durchleuchtet.

** Einige Mineralogen, wie z. B. Kronstett (Versuch einer neuen Mineralogie 258. S.) und Justi (Grundriß des Mineralreichs 382. §.) beschreiben den Türkis oder Türkos (Turquoise) als einen blaulichtgrünen oder grünlichtblauen Stein; und also sollte die Türkisfarbe nicht zu dieser Gattung gehören. Allein Wallerius (Mineralogie 455. S.) spricht für uns: „Türkise sind Steine von blauer Farbe (colore cyaneo) doch nicht klarscheinend oder durchsichtig „„ So sind auch Hermolaus Barbarus (Castigat. Plin. in librum 37.) und einige anderen Gelehrten der Meynung, daß der Stein, welcher beym Plinius (Lib. 37. c. 9.) und andern alten Schriftstellern Cyanus heißt (wovon Cyaneus) eben unser Türkis sey. Und gewiß ist, daß wenigstens die ächten orientalischen Türkise immer vielmehr ins Blaue als ins Grüne gehen müßen. Man sehe A. Boetii de Boodt Gemmarum & Lap. Hist. (Lugduni Bat. 1636.) pag. 265. Endlich ist es bey den Franzosen schon allgemein angenommen, daß Bleu Turquin ein wahres, schönes, doch sehr volles oder ein wenig überladenes Blau bedeute. Das letztere, das vielleicht daher kömmt, daß der Stein nicht ganz durchsichtig ist, kann man unter andern besonders aus jener Stelle des Sabary (Dict. de Com.) abnehmen, wo er, nach erfahrnen Malern, erinnert, daß man die Lazurfarbe oder den Ultramarin nicht mit Oel zurichten soll; indem er davon dunkel oder Türkisfarben werden würde: Ce qui la fait paroitre d'un bleu plus foncé & turquin, qu'elle ne la seroit naturellement. Ob man schon sonst nicht läugnen kann, daß sich in den Naturaliencabineten auch sehr lichtblaue Türkise finden.

K. Beerblau, sagt Frisch (T. L. Wörterb.) ist die Farbe von Heidelbeeren oder Bickbeeren (Vaccinium Myrtillus Lin.) Sieh hievon etwas mehreres im Verfolge.

M. Die Kohlen sind eben so wenig, als andere Dinge, die wir schwarz nennen, vollkommen schwarz: insgemein schielen sie ein wenig ins Blaue, oder doch ins Blaulichtgraue. Felibien, der mit so vieler Einsicht von der Malerey, und aus Gelegenheit derselben von Farben schrieb, sagt glatterdings, Kohlenschwarz sey ein Blaulichtschwarz: Un Noir bluastre comme le Noir de charbon. p. 293. es gehöret also in gegenwärtige Farbengattung. Man sagt auch Kohlpechschwarz;

ſchwarz: S. Schottel 1. B. 83. S. Die Rabenfedern geben ebenfalls gleichſam aus Ueberfluſſe der Schwärze einen dunkelblauen Widerſchein. Hier iſt auch die Verdoppelung Kohlrabenſchwarz im Gebrauche. Von dem Sammetſchwarzen wird man weiter unten, aus dem, wie es im Färben zu erhalten iſt, zum füglichſten urtheilen können.

** Ater bedeutet dem Hrn von Linné und andern Naturkündigen insgemein ein kräftigeres und tieferes Schwarz, als durch das gemeine Wort niger angezeigt wird.

VI. Abſchnitt.

Farben und Miſchungen, die dieſe Fache zu bemalen ſind angewandt worden. (*)

I. §.

Die erſte Reihe hinunter a a &c. ſoll ſich mehr dem Violeten, weil dieſes im Kreiſe ordentlich vorgehet, nähern; die dritte entgegen c c &c. weil ſie an das nachfolgende Grünblau oder Meergrün ſtoſſet, darf vielmehr ein wenig in dieſes blicken. Jenes kann auf dem Papiere mit Ultramarin oder feiner Schmalte nebſt dem Bergblau am füglichſten zuwegen gebracht, und dadurch zugleich jeder Grad der blauen Farbe, wie ſelbe insgemein an der Wolle, oder an wollenen Tüchern erſcheint, am beſten nachgeahmt werden. Letzteres aber wird mit einem geringen Zuſatze (**) von

---

(*) Sie werden denn auch in der Miniatur und jeder andern Art mit Waſſerfarben zu malen dienen können.

(**) Wir ſagen mit einem geringen Zuſatze, und werden wohl auch im Verfolge öfter nur: Etwas weniges, faſt den halben Theil, ein wenig mehr von dem ― ― ―

und dergleichen ſetzen, im Vertrauen, daß ſolche obſchon nicht allergenaueſten Beſtimmungen doch hinlänglich ſeyn werden, jeden, der dieſe Miſchungen etwa wird nachahmen wollen, richtig zu leiten. Das Aug eines Malers muß ohnehin gewohnt ſeyn, von jeder Farbe faſt ſicher zu urtheilen, wieviel dieſelbe eigentlich in der Miſchung, deren Muſter er vor ſich hat, wirken kön-

aufgelöstem bläulichten Spangrün, das dem Bergblau zugleich einigen Glanz und eine gewisse sonst nur den Farben der Seidenstoffe eigene Gelindigkeit mittheilet, am sichersten erhalten werden. Zu A. a. ward also genanntes venetianisches Bleyweiß allein genommen, welches man mit ein wenig im Wasser aufgelösten arabischen Gummi, und noch um halben Theil weniger weißen Kandelzucker, wie fast alle nachstehenden und insgemein alle Mineral= und Erdfarben, zubereitet hat. Zu B. a. ward eben dasselbe Bleyweiß gebraucht mit ganz wenig blassen Bergblau oder gewaschener Schmalte; weiter hinab eben diese blauen Materialien mit immer wenigerem Weißen, ja zu E. a. selbe allein mit einander vermenget, so wie in F. a. Bergblau und ein wenig Ultramarin vermischet sind. Hier sey obenhin angemerket, daß wir sehr gerne zwo oder auch mehr Farben miteinander vermengen, wenn wir schon vielleicht den nämlichen Grad und eine gleiche Schönheit der Farbe durch eine allein erhalten könnten; weil die Erfahrniß lehret, daß bey solcher Vermischung die Farben immer standhafter sind, und die vereinigten heterogenischen Materialien sich gleichsam einander verbinden und mehr häften. In G. a. ist Ultramarin fast ganz allein aufgetragen (*) durch die nachfolgenden zwo Stuffen aber ist derselbe oder an
seis

könne, und würde sich daher wohl keiner die Mühe geben, die vorgeschriebenen Farben mit einer ängstlichen Genauigkeit auszumessen, oder abzuwägen, wenn wir schon derselben Theile aufs genaueste bestimmen sollten. Bey den braunen, grauen, und einigen blühenden Mittelfarben werden wir doch fast Castells und Mayers Beyspiele folgen, die die Theile von jeder der drey einfachen Farben, woraus, ihrer Meynung nach, gewisse natürliche Farbenstoffe bestehen sollten, auch durch bestimmte Numern angedeutet haben, z. B. Umbra enthalte $\frac{1}{2}$ von Roth, $\frac{1}{4}$ von Gelb, und $\frac{1}{4}$ von Blau.

(*) Die Ultramarinfarbe, der in Ansehen ihrer dauerhaften Schönheit insgemein der Vorzug nicht nur vor den übrigen blauen, sondern auch vor allen andern Farbenstoffen gegeben wird, ist in unsern Materialbuden fast selten. Kömmt dieses vielleicht daher, daß die Art dieselbe zu bereiten wenig mehr bekannt ist? In diesem Falle lohnt es der Mühe, hier davon zu reden.

Es giebt diese kostbare Farbe der Lasurstein. (Lapis Lazuli, des Plinius Saphirus C. Nat. Hist. L. 37. c. 9.) Der, welcher am meisten geschätzet wird, kömmt vornehmlich aus der bucharischen Kalmuckey. Ein anderer wurde zuweilen in Deutschland, und von Boetius von Boodt, wie er selbst in seiner Geschicht von edlen Steinen 119. Cap. erzählet, auch in Böhmen gefunden. Jener heißt uns der
Mor=

seiner Stelle hochfärbige Schmalte mit mehr oder weniger Berliner- oder Preußischblau, und in K. a. mit Pariser- oder Straßburgerblau, welches eben, wie es scheint, ein gereinigtes, und daher vollfärbigeres Berlinerblau ist, und endlich in L. a. mit Indig vermischet worden. Die schwarze Farbe M. a. giebt ein feiner recht dunkelfärbiger Indig etwa mit ein wenig chines

Morgenländische. Der Namen Ultramarin aber kömmt nach Pomets Meynung (S. *Hist. des drogues à Paris* 1694. Part. 3. pag. 102.) entweder von dem, daß diese Farbe zuerst aus Cypern oder sonst über Meer gekommen ist, oder doch von dem, daß sie die bläulichte See übertrifft. Nun kann man dieselbe auf folgende Art bereiten. Man läßt den Stein, um ihn mürb zu machen, oder auch seine Farbe zu erhöhen, einigemal im Feuer glühen, und löscht ihn jedesmal in gutem Essig ab; zerstößt ihn alsdenn in einem Mörser, — — andere wollen, man soll ihn zuvor zu einem Sande oder gröblichten Pulver stoßen, dann mit Leinöl vermengen, und in einem Schmelztiegel, um ihn zu calciniren, durch etliche Stunden glühen lassen; hernach aber mit Weinessig übergießen; wo er bald wird auf- und von den eingemengten Quarzen oder andern Steinkörnern abgelöset werden. Von diesen kann man ihn nachmal durch das Waschen oder Schlemmen, wie wir von der Schmalte melden werden, gänzlich reinigen; endlich auf einem Porphyr- oder Achatsteine zu einem zarten Pulver reiben; dessen Farbe im Weingeiste, wie wir eben bey der Schmalte ausführlicher zu erinnern denken, noch mehr kann erhöhet werden.

Der angeführte von Boodt beschreibt diese Bereitung erstlich sehr weitläuftig, hernach doch auch kürzer, auf eine etwas verschiedene Art (Gem. & Lap. Hist. Lugd. Bat. 1636. pag. 279.

— — 292.) Felibien (Des *Principes — de la Peinture L. 3. c. 4.*) und mehr andere haben es diesem nachgeschrieben. Der Unterschied besteht hauptsächlich in dem, daß man, nachdem man den Stein calciniret, zerstoßen, und mit Leinöl- oder Nußöle zu einem sehr feinen Pulver zerrieben hat, dieses mit dreymal so viel Teiges vermenge, der aus gleichen Theilen von Wachs, Colophonium und Tannenharz nebst einer mindern Dose von Terpentin und Leinöl, auf einem gelinden Feuer untereinander gemengt, und zusammengeschmelzt worden. Mit diesem Pflaster oder Gemenge soll man die Farbe auf einer Tafel wohl untereinander arbeiten, hernach einige Wochen digeriren lassen, alsdenn aber in warmem Wasser, durch vieles Umschlagen, wieder absondern, und durch wiederholtes Waschen, wie anderswo wird gemeldet werden, von der Fette reinigen, endlich trocknen. Diese mühesame Behandlung soll der Farbe mehr Schönheit und Glanz ertheilen. Es mag schon seyn. Jenes müssen wir hier noch anmerken, daß diejenigen Stücke vom Lasursteine, die mit feinen Gold- oder Kießkörnern vermenget, und darum geringer geschätzet sind, eben am meisten Farbe geben. Trümmern von etwa zerbrochenen Gefäßchen und verschiedenen Galanteriewaaren, oder Knöpfe und dergleichen aus jenem Steine verfertigte Dinge, die gänzlich aus der Mode gekommen, könnten da ebenfalls zu Nutzen gemachet werden.

nesischer Dinte vermenget: mit gebranntem Weinschwarz gemischet, wie in M. b. geschehen ist, thut derselbe doch noch bessere Wirkung.

II. §.

In der letzten Reihe oder c c. &c. herrschet fast durch alle Stuffen entweder ein bleicheres, etwa mit Weingeiste auf Achat oder Glase geriebenes, oder ein hochfärbiges ungeriebenes Bergblau (*) mit ein wenig von distillirtem zum Gebrauche der Ingenieurs zubereitetem Grünspan gemischt, oder überfahren. Anstatt des Bergblauen kann vielleicht auch schönes Eschblau oder Aschenblau (Cendres bleus d'Angleterre) genommen werden; wie im G a. mit einigem Beysatze von Ultramarin geschehen ist. Daß die obersten Farben doch beynebens nach einem gewissen Ebenmaaße mit Bleyweiß

(*) Bergblau (Asurum, caeruleum montanum) wird zuweilen auch in der Pastel- und Oelmalerey, in der Miniatur aber und insgemein bey dem Malen mit Wasserfarben vor allen andern blauen Farben gebrauchet. Man hat von demselben sehr viele, an Tölle und Blässe der Farbe und an Feinheit merklich unterschiedene Sorten, welches eines Theils von dem Waschen oder Schlemmen kömmt, wovon wir unten melden werden; anderes Theils von den verschiedenen Mineral- oder Steinarten, woraus das Bergblau bereitet wird.

Die in älteren und neueren Zeiten berühmteste Art solcher blauen Steine ist der armenische Stein (Lapis armenius) der diesen Namen führet, weil er vor Alters nur aus Armenien kam; wie Plinius schreibet: — Armenia mittit (caeruleum) quod ejus nomine appellatur. L. 35. cap. 6. Itzt liefern denselben Tyrol, Ungarn, und das Bannat aus ihren Kupferbergwerken eben nicht selten. Welches eines Theils schon auch Boet. von Boodt (Gem. & Lap. Hist. p. 293.) zu seiner Zeit angemerkt hat. Es ist immer eine Art eines Lasursteins (Lapis Lazuli), und wird von dem, der eigentlich diesen Namen hat, nur dadurch unterschieden, daß er lichter an der Farbe, und mit kleinen Kiesssplittern oder Goldkörnern vermenget ist. Die Farbe, die daraus bereitet wird, kömmt derjenigen, die man von dem europäischen Lasursteine macht, an Schönheit und Dauer am nächsten.

Andere Bergarten, die ein Bergblau geben, heissen den Mineralogen meistens Kupferblau; weil sie ihre blaue Farbe vom Kupfer haben; zuweilen aber werden sie auch Bergblau genannt, weil sie die Farbe schon deutlich zeigen, oder in ihrer eigenlichen Gestalt enthalten. Sie sind immer mürber als der armenische Stein, manchmal schieferricht, ein andersmal körnigt, oder auch ganz locker und erdenartig.

Die Farbe wird aus einer und der andern Art nach des von Boodt und anderer Mine-

weiß zu vermengen, oder so gering aufzutragen seyn, daß das durchscheinende weiße Papier die Stelle der weißen Farbe vertritt, sieht man wohl von sich selbsten ein. Die untersten Fache entgegen, H. c. —— L. c. sind, nachdem mit Bergblau der Grund geleget worden, mit einem besonders feinen Berlinerblau, wie auch hier zu Wien bereitet wird, oder nach Maaße der Helle oder der Dunkelheit, mit Lakmus, mit Pariserblau, mit Indig zu überziehen, oder mit den Malern zu reden, zu glasiren. Auch diese Glasurfarben können mit ein wenig Grünspan vermischet werden, nur den Lakmus ausgenommen, der dadurch ganz veilroth, wohin er ohnedieß schon blicket, oder rothbraun werden würde. Die allerletzte (M. c.) ist eine schwarze aus Blau, Roth, u. s. w. ohne natürliche schwarze zusammengesetzte Farbe, wovon oben ist gemeldet worden.

III. §.

Nun die mittlere Colonne soll zwischen den zwoen, die sich einerseits dem Feuer-anderseits dem Meerblauen nähern, ein genaues Mittel halten. Es könnte solches mit Bergblau ganz wohl geschehen; allein die Abänderungen würden nicht sehr leicht zu unterscheiden seyn; und um alle in der Natur, ja selbst nur

ralogen Vorschrift, auf folgende Weise bereitet: man zerstößt, und zerreibt den Stein oder die Bergart zu einem doch nicht gar feinen Pulver; vermengt dieses alsdann mit Wasser, und, nachdem man es eine Zeitlang wohl untereinander beweget hat, läßt man die Farbe, welche schwerer ist, sich auf den Boden setzen, das Wasser gießt man mit den damit vermischten trüben oder andern unreinen Theilchen ab; die Farbe sammelt man, zerreibt sie noch feiner, und wäscht sie wieder oder auch, wenn sich das Wasser noch merklich davon schmutzig und unrein zeiget, zum dritten und viertenmale. Hernach gießt man auf einer Schale frisches Wasser darüber, in welchem doch zuvor ein wenig von arabischem Gummi aufgelöset worden, und mengt es mit dem Finger oder einem Holzsplitter wohl untereinander: alsdann aber läßt man es etwa eine halbe Stunde ruhen; wo die Farbe größtentheils zu Boden sinken wird; nur der feinste, sehr bleiche Theil derselben wird noch im Wasser schwimmen, den man dann mit diesem in ein anders Glas übergießen muß, wo er sich doch nach einem paar Tage setzen wird. Ueber den gröbern, hochfärbigen Theil kann man abermal mit Gummi vermengtes Wasser gießen, und auf solche Art die Farbe in so viele Sorten, als einem beliebet, theilen.

nur auf den Schmetterlingen vorkommenden blauen Farben vorzustellen, ist vielmehr eine andere Mittelreihe von grau = oder trübblauen und von blausilberglänzenden Farben nöthig. Wir haben unter den vielaugigten Faltern (Argi) mehr Arten, die blank = oder silberblaue Flügel in verschiedenen Stuffen bleicherer oder höherer Farbe haben. Und wie? Wenn man sich beynebens in Beschreibung americanischer Tagschmetterlinge, des Menelaus, des Achilles Lin. und mehr anderer blauen silberglänzenden, die noch unbenannt, und doch auch hier in den Baron buolischen, gräfl. Rudolph trautischen und unsren Sammlungen vorhanden sind, auf dieses Farbenmuster beziehen wollte? Wenn man endlich die blaublanken Abwechslungen so vieler Arten der Lauf = Rüßel = Fall = und Goldkäfer der Herren Linnäus und Schäffer in diesen Fachen suchete? Und sind nicht zu unserer Zeit auch in Goldarbeiten und Stickereyen verschiedene roth = und blaublanke Farben in der Mode, derer Namen man zu mehrerer Bequemlichkeit im Handel und Umgange wohl nicht ungern bestimmet haben würde?

Es zeigen sich aber auch anderstheils in den Reichen der Natur manichfaltige graublaue Farben; denen doch auch hier ein Platz zu geben ist. Wir haben daher diese zweyerley Arten der blauen Farben in eine, die zweyte, Colonne untereinander vermenget, und sie in derselben fast abwechseln lassen; ob wir schon ganz wohl vorgesehen haben, daß dabey der ordentliche Abfall des Lichts, oder die genaue Verbindung und Uebereinstimmung der durch fast unmerkliche Stuffen erhöhten oder vertieften Tinten nicht wohl bestehen könne. Wir hätten vielleicht zwo verschiedene Colonnen daraus gestalten sollen: allein gegenwärtiges Werk bedarf doch in verschiedener Absicht einiger Einschränkung; und jene sanfte Abänderung des Helldunkeln kann man schon, soviel sie die Genauigkeit der Illuminirer bewirket hat, in den andern zwo Reihen bemerken.

Diese silberblauen Farben, wie sie hier aufgetragen sind, bestehen in Staub = oder Muschelsilber, welches mit Gummi und Zucker, wie andere Farben, zugerichtet wird. In dem Fache A. b. ist es weiß und rauh gelassen; im B. b. nur sehr flüchtig mit Blau überzogen: in G. b. und noch mehr in H. b., I. b. und K. b. ist es mit einem Wolfszahne oder

mit

mit Achat geglättet, und denn mit feinem Berliner- oder Pariserblau leichter oder völler glasiret. Zum Poliren kann man anfangs feines polirtes Papier dazwischen legen; zum Glasiren hat man die Farbe, damit sie auf dem Silber angreife, mit ein wenig im Wasser aufgelöster Hechten- oder anderer Fischgalle zu mischen. In den übrigen Fachen der Mittelreihe ist Berlinerblau und Indig nach verschiedner Höhe oder Tiefe gemäßiget, und zwar in D. b. und E. b. fast nur Indig mit vielem Bleyweiß, im L. b. eben derselbe mit Berlinerblau gemischet, in F. b. und G. b. aber dieses letztere allein genommen worden, doch mit dem Unterschiede, daß das vorletzte, welches auch in der ersten Reihe in C. a., doch gelinder aufgetragen ist, besonders aufgelöset worden, wie es Ingenieure zuweilen, anstatt des Spangrünen, um Flüße oder Wassergräben anzuzeigen, zu brauchen pflegen. Die Art, dieses Blau zu solchem Gebrauche zu bereiten, behalten wir uns weiter unten zu beschreiben vor.

VII. Abschnitt.

Materialien und derselben Zubereitung, um die oben benannten Farben auch in der Fresco- Email- und Pastelmalerey zu erhalten.

I. §.

Bisher haben wir angezeiget, wie die Fache bemalet worden, und also zugleich, wie Illuminirer oder wohl auch angehende Ingenieure, Miniaturmaler und dergleichen, die etwas auf Pergament oder Papier mit lebhaften Farben zu entwerfen haben, die hier vorgestellten blauen Schattirungen erhalten können. Aber, nachdem wir nun einmal von den Farben zu handeln, ihre Gattungen, ihre Namen, ihre Abwechslungen und Stufen zu bestimmen unternommen haben, welches vielleicht verschiedenen Künstlern, die mit Farben umgehen, einigermaßen zu statten kommen kann;

scheint

scheint es die Sache selbst zu fodern, daß wir dasjenige, was man zum vollständigen Kenntnisse der Farben vorzüglich noch verlangen kann, die Materialien und die Art, wodurch jene Schattirungen auch in andern Gattungen der Malerey und selbst in der Färberey hervorgebracht werden können, nicht ganz unberührt lassen.

Vor allen den verschiedenen Arten zu malen, haben jene zwo, derer eine die Farben mit Oel zugerichtet meistens auf dichte Leinwand, die andere dieselben mit dünnem Leime gemischet auf die noch halb nassen Mauern aufträgt, oder die so genannte Fresco = und Oelmalerey, ganz billig den Vorzug. Von jener werden wir gegenwärtig, von der andern im folgenden Abschnitte handeln.

Bey den alten Griechen und Römern, wo sonst die Malerey zu einem sehr hohen Grade der Vollkommenheit gekommen war, wurde insgemein auf hölzenen Tafeln oder auf Mauern gemalet; und hiezu die Farbe mit Eyern, die durch vieles Umschlagen sehr flüßig gemacht wurden, oder mit gekochtem Leime bereitet. Wenn wir die Worte des Cicero und des Plinius recht verstehen, und ihnen doch glauben sollen, so haben die berühmtesten Maler, mit denen Griechenland in den älteren Zeiten prangte, Polygnotus, Zeuxis, und Timanthes nur mit Weiß, Ockergelb, Roth und Schwarz gemalet, und ganz keine blaue Farbe gekannt. (*)

In

(*) Plin. *Natyr. Hift. Lib.* 35. *cap.* 7. Es ist vielleicht der Mühe werth, die eigentlichen Worte anzuführen: Quatuor coloribus immortalia opera illa fecere, ex albis Melino, ex filaceis Attico, ex rubris Sinopide Pontica, ex atris Atramento Apelles, Echion, Melanthius, Nicomachus, clarissimi pictores, cum tabulae eorum singulae oppidorum venirent opibus. Nunc & purpuris in parietes migrantibus, & India conferente fluminum suorum limum & draconum & elephantorum saniem, nulla nobilis pictura est. Omnia ergo meliora tunc fuere, cum minor copia. Weil es einigermaßen schwer fällt zu begreifen, wie mit den benannten vier Farben ohne Blau und also auch ohne Grün etwas Vollkommenes habe gemalt werden können, gab man sich in neueren Zeiten nicht wenig Mühe die Stelle auf verschiedne Art auszulegen. Es wird vielleicht befremden, wenn wir sagen, daß sich keine sonderbare Beschwerniß finde, dieselbe in ganz glattem Verstande zu nehmen. - - Aber wie? "Macht denn nicht Plinius selbst anderswo von der blauen Farbe Meldung„? Ja, da er von seinen oder doch schon ein wenig späteren Zeiten, nicht

In den Jahrhunderten entgegen, wo jene Schryftsteller lebten, oder auch sogar zu den Zeiten Alexanders des Großen, zählte man schon
E 3 ver-

nicht von jenen der ersten berühmten Maler redet: — — „Aber kann man von den sorgfältigen Versuchen der Alten auch nur zweifeln „? Wir glauben nicht; allein es hatten doch die Künste wie alle andern Dinge einen geringen Anfang, und bis zur männlichen Vollkommenheit ein ordentliches Wachsthum durch alle Stuffen verschiedener Alter. Man erfindet noch in unseren Jahrhunderten nach und nach neue Materialien zum Färben und Malen: die Alten werden die ihrigen eben nicht alle auf einmal entdecket haben. Wir schreiben darum den Gebrauch so weniger Farben nicht der Mäßigung jener Maler, sondern dem Mangel mehrerer Farben zu. Und scheint nicht Plinius dieses fast klar zu sagen? Oder sollen die letzten Worte der erwähnten Stelle unrecht in diesem Verstande genommen seyn, daß die Gemälde dazumal durchaus besser gewesen sind, da der Vorrath und die Zahl der Farben (denn von diesen redet er) geringer waren? Omnia ergo meliora tunc fuere eum minor copia? — — „Aber wird man vormal bey Landschaften zur Schilderung der Luft, und weil die grüne Farbe aus der Mischung der blauen und gelben entstehet, wird man dabey zur Hervorbringung des Grünen, der blauen Farbe jemals haben entbehren können „? Nein fürwahr; allein Plinius sagt uns (Lib. 35. cap. 10.) daß man Landschaften zu malen allererst zu Zeiten des Kaisers Augustus unternommen habe; wovon wir bald etwas mehreres melden werden. Bis dorthin beschäfftigten sich die Maler mit den Bildhauern in die Wette fast nur mit Bildnissen der Götter und Menschen. Plinius erzählt aus

griechischen Urkunden, wie die Kunst zu malen von einem nach dem Schatten eines Menschen gemachten Umrisse ihren Anfang genommen habe, wie sie nach der Zeit von dieser einfachen Linie auf mehrere, dann auf eine Farbe von zerriebenen irdenen Scherben; ferner auf Licht und Schatten gekommen, und so, durch ein und anderes Jahrhundert von einer Stuffe auf die andere gestiegen sey; er nennt dabey die vornehmsten Künstler eines jeden Alters; er ziehet fast von jedem mehrere Stücke an, und macht doch bey allen diesen, außer des Parrhasius Vorhange und des Zeuxis Weintrauben kaum von einem andern Gemälde als menschlicher Bilder Meldung. (S. Lib. 35. cap. 3. & seqq.) Nun aber nehmen wir jenes an, was schon Hr. von Hagedorn (50. Berc.) aus Plinius angemerket hat, daß die griechischen Maler fast nichts zu bekleiden pflegten. Wie sind mit ihm auch in jener einerley Meynung, daß Braunroth oder ein andauerhaftes Roth mit Okergelb, mit etwa venetianischem Weiß und einem guten Schwarz wohl auch zu unseren Zeiten einem geschickten Maler hinlänglich seyn könnte, das Unbekleidete an menschlichen Bildnissen gut zu schildern, und hierinn bewunderungswürdige Stücke zu liefern. Man hat ein und anderes Schwarz, das sich in der Mischung mit vielem Weiß bläulicht zeiget. Wenn der Künstler aber auch schon sonst von einem Blau etwas weniges brauchen sollte, würde doch solches, weil er immer mit andern Farben brechen, oder gewissermaßen überdecken müßte, von denen, die der Kunst nicht erfahren sind, kaum bemerket werden. Und Blau muß in der That
auch

verschiedene blaue Farben, ein scythisches, ein cyprisches, und ein ägyptisches, später auch ein armenisches, und denn ein spanisches Blau,

auch noch zu Apelles Zeiten sehr kostbar und selten gewesen seyn. Denn Theophrast, der dazumal oder vielmehr einige Jahre danach geschrieben hat, thut wohl schon (in seinem Buche von Steinen) von einer blauen Farbe Meldung; fügt aber bey, daß man dieselbe bey dem Ueberflusse des Okers und der rothen Farbe am allerwenigsten und sehr selten fände, und sie den Königen von Aegypten unter andern kostbaren Dingen zum Tribut überbrächte. Wir sagten: auch noch zu Apelles Zeiten; und wie halten doch dafür, daß dieser vortrefflichste Künstler mit denjenigen, die vor ihm nur mit vier Farben gemalet haben, nicht zu vermengen sey. —— Aber da sein Namen ausdrücklich unter vielen andern bey Plinius stehet? Wir antworten mit Junius (De Pictura Vet. Rott. 1794. Catal. Archit. p. 82.) Er bemerkte, daß in eben die ein Buche des Plinius (Cap. 10.) Schion und Terimachus unter den vortrefflichen Malern genennet würden, die in dem vorhergehenden Buche (Cap 8.) für die nämlichen Zeiten ausdrücklich als Bildhauer angerühmet worden, und schrieb hievon, man hätte diesen Fehler darum eben nicht einem Irrthume des Plinius, sondern vielmehr der Sorglosigkeit der Schreiber oder Copisten beyzumessen, die die Namen abgeändert oder versetzet haben. Daß aber ein gleiches Versehen mit dem Namen des Apelles und Nicomachus bey Plinius sich m*ise ereignet haben, urtheilen wir aus einer Stelle des Cicero (Lib. Brutus.) die uns zugleich wider verschiedene Auslegungen jener plinischen, deren Urbild sie vielleicht gewesen ist, entscheidend zu seyn scheinet. Sie belehr-

ret uns, daß die Gemälde jener älteren nur mit vier Farben schilderenden Künstler allein wegen der vortrefflichen Zeichnung so schätzbar waren, die des Apelles aber und seiner Zeitverwandten schon in allem etwas vollkommenes zeigten. Sie verdient ganz hier zu stehen: Similis (ut in Statuaria) in pictura ratio est, in qua Zeuxim & Polygnotum & Timanthem & eorum, qui non sunt usi plus quam quatuor coloribus, formas & lineamenta laudamus. At in Actione, Nicomacho, Protogene, Apelle jam perfecta sunt omnia, & nescio, an reliquis in rebus omnibus idem eveniat: nihil est enim simul & inventum & perfectum. Cicero schreibt hier ohne Eifer einen Mißbrauch zu bestreiten; er war den Zeiten jener Maler näher, und mußte Werke ihrer Hände zu Rom und in Griechenland vielfältig gesehen haben.

Wir haben also auch von jener Muthmaßung des de Piles (Cours de peinture) daß die vier Farben nur den Grund der Gemälde zu bereiten mögen gedienet haben, schon nichts mehr zu sagen; besonders da sie schon der Hr. v. Hagedorn aus einem anderen Grunde widerleget hat. Eine andere, nicht eben sogar neue Meynung des L. Demontiosus (Comment. de Pictura. S. Vitruv. App. Amstelod.) weil sie uns sehr sonderbar scheinet, können wir doch nicht übergehen. Er will behaupten, daß man durch die benannte zweyte Farbe: Ex Silaceis Attico, und insgemein durch den Namen Sil bey Plinius nicht einen gelben Oker, sondern eine blaue Farbe verstehen müße. Allein wie unrecht, werden wir bey der gelben Farbe zeigen. Wir sehen aber auch

nicht

Blau, (*) welche doch zusammen nur verschiedene Arten unseres Bergblau oder einestheils auch unseres Eschblau gewesen zu seyn scheinen. Denn sie waren sandigter Natur, wurden aus Bergwerken geholet, oder doch aus aufgelöstem mit Sande vermengtem Kupfer bereitet, und theilten sich, wenn sie gerieben oder gewaschen wurden, in mehrere, blasse oder vollfärbigte Sorten. Im Mangel anderer blauen Farben brauchte man diese obschon ein wenig schwere und sandigte sowohl auf Tafeln als auf Gemäuer, und, um ihnen mehr Schönheit und Völle zu geben, kochte man sie immer zuvor im Waide. (**)

II. §.

Auf die Mauern zwar zu malen fieng man nach dem Berichte des Plinius allererst unter der Regierung des Kaisers Augustus an (***) oder es kam vielmehr dazumal wieder sehr in Gebrauch, was schon einige Jahrhun-

nicht ein, was man endlich gewinnen würde, wenn man bey jenen vier Farben eine blaue anstatt der gelben setzete? Es würde doch diese hernach samt der grünen noch gemangelt haben. Aber nein, sagt Demontiosus, „denn aus dem Weißen, Schwarzen, Rothen und Blauen kann man durch Mischung alle übrigen Farben hervorbringen„. Wie aber doch? „Aus Roth und Schwarz (ist seine Antwort) erhält man ein Rothgelb, aus Roth und Blau ein Grün; aus Grün und Roth wird Gelb, und aus diesen vielen der unzählige andere Farben„. Wer nur einige Kenntniß der Farben hat, urtheile, oder versuche diese Mischungen, und bemerke zugleich, wie weit sich in dergleichen Umständen auch gelehrte Männer, ohne selbst Versuche anzustellen, oder sich mit verständigen Künstlern bekannt zu machen, verirren können.

(*) Plinius Lib. 33. Cap. 13. & Vitruvius de Architectura L. 7. cap. 11.

(**) Plin. Lib. 33. cap. ult. Es heißt nur, daß das Blau in seinem Kraute gekochet wird: Tingitur autem omne (*caeruleum*); & in sua coquitur herba, bibitque succum. Dieses Kraut aber ist ohne Zweifel der Waid, von dem Plinius schon vorher (Lib. 22. cap. 1.) etwas gemeldet hatte. Wir werden davon unten etwas mehreres zu sagen haben.

(***) Plin. Lib. 35. cap. 10. Wenn man mit Bersellius (S. bey Winkelmann *Monum. ant. ined.* p. 92.) die Worte des Plinius zugleich von dem Anfange des hernach sehr gewöhnlichen Mauerbemalens verstehen soll. Wir werden unsere Meynung gleich mehr erklären.

hunderte faſt ganz war unterlaſſen worden, (*) zu unſeren Zeiten weis man dieſe Art zu malen ganz wohl zu ſchätzen; man ſieht aller Orte in Europa die öffentlichen Gebäude beſonders an den Gewölbern oder Decken mit dieſer Gattung der Gemälde, und zwar öfter ſehr künſtlich, anmuthig und präch-

(*) Plinius müſte ſich ſonſt an der eben angezogenen Stelle ſelbſt widerſprechen, nachdem er anderswo (*eodem Lib. cap. 3.*) erzählet hat, daß man zu Ardea und zu Lanuvium auf den Mauern verfallener Tempel noch zu ſeiner Zeit Bildniſſe bewunderte, die vor Erbauung der Stadt gemalet worden. Wir verſtehen derowegen jene Stelle vielmehr allein von dem Urſprung oder Aufkommen einer gewiſſen Gattung der Gemälde, die in Vorſtellung angenehmer Gegenden und Ausſichten, Luſtſchlöſſer oder Mayerhöfe, Fiſchereyen, Jagden und dergleichen, was und Landſchaften heißt, beſtanden, und dazumal zuerſt von einem gewiſſen Ludius mit angenehmer Abwechſelung und Verſchiedenheit meiſtens auf Mauern verfertiget worden ſind. Man vernehme den Plinius ſelbſten: Non fraudando & Ludio, Divi Auguſti aetate, qui primus inſtituit amaeniſſimam parietum picturam, villas & porticus ac topiaria opera, lucos, nemora, colles, piſcinas, euripos, amnes, litora, qualia quis optaret, varias ibi obambulantium ſpecies, aut navigantium, terraque villas adeuntium aſellis aut vehiculis, jam piſcantes, &c. und weiter unten: Ideaque ſubdialibus maritimis urbe, pingere inſtituit. Abr Winkelmann, deſſen Andenken und jederzeit theuer ſeyn wird, legt dieſem Ludius zur Laſt, daß er durch Erfindung und Einführung dieſer Art der Gemälde, die das Aug einnehmen, ohne das Herz zu

bewegen, eine der vornehmſten Urſachen geweſen ſey, daß die wahre Kunſt, die in vortrefflicher Schilderung menſchlicher Bildniſſe und Geſchichten beſtund, eben zu des Auguſtus Zeiten ſo ſehr verfallen iſt. S. *Monumenti antich. ined. Trat. prelim. cap. 4.*

Daß aber doch auch das Mauerbemalen für ſich ſelbſt zu ſelber Zeit in gewiſſem Verſtande etwas neues geweſen, beweiſet jenes, daß Plinius gleich danach den Gebrauch der ältern Zeiten preiſet, wo nur auf Tafeln gemalt worden, die man wider Gefahren retten, und ſonſt nach Belieben übertragen konnte.

Man bemalte doch die gemauerten Wände bald hernach auch mit Bildern der Götter, und Helden und ganzen Geſchichten, wie die entdeckten Ueberbleibſel der zu Zeiten des Kaiſers Titus verſchütteten Städte Herkulanum, Pompeji und Stabia zu Genügen zeigen. (S. *Gli antichi monumenti d'Ercolano*) Von den dort aufgegrabenen Gemälden ſchreibt wieder Winkelmann der gelehrteſte Alterthumskundige (eben dort pag. 91.) es ſey ſehr glaublich, daß ſie größtentheils von Freygelaſſenen der erſten Kaiſer gemalet worden, als die zu ſelben Zeiten insgemein der Römer Palläſte und Luſtſchlöſſer auszumalen gebraucht wurden, wo vorher dieſe edelſte Kunſt nur von den ehrlichſten Bürgern ſelbſt verwaltet wurde, und dieſe Abänderung ſey für dieſelbe eine andere Urſache des Verfalls geweſen.

prächtig gezieret. (*) Man hat in den neuern Zeiten auch noch andere blaue Farben entdecket, die aber hieher nicht alle dienlich sind. Es ist bekannt, daß man, wenn auf Mauer zu malen ist, durchgehends solche Materialien wählen muß, denen der Kalk auch nach der Zeit nicht zu schaden, oder Lebhaftigkeit und Stärke zu benehmen vermag. Solche sind nun keineswegs, die aus dem Pflanzen- oder Thierreiche gezogen worden (**); es müssen Stein- und Mineral- oder doch wenigstens Erdfarben seyn. Von solcher Art sind unter den itzt bekannten blauen Farben fast nur der Ultramarin, der aber zu diesem Gebrauche viel zu hoch zu stehen kommen würde (***) und die Schmalte, (****) derer vornehmlich zwo Arten sind,

F ei-

(*) Hier haben wir in dieser Gattung ein ungemein schätzbares Denkmaal an der Kuppel der prächtigen kaiserlichen Bibliothek von Le Grands vortrefflicher Kunst, und von jener des noch lebenden Guglielmo an den Decken der Hauptsäle in dem k. Lustschlosse zu Schönbrun, und in dem Universitätsgebäude: einige Kirchen und Privatsäle geben des Herrn Maulbertsch Pinsel durch den ihm eigenen feurigen Ausdruck, und durch der Draperie artige Abwechslung und reizende Farbentöne, die in den späteren Werken auch mit einer ganz richtigen Zeichnung vereinbaret sind, sehr leicht zu erkennen. Wie viele andere hätten wir noch anzuführen! Allein wir würden den Endzweck unsers gegenwärtigen Werkes zu weit verlassen.

(**) Man könnte also hier einwenden, wie doch die Alten ihr Blau, von dem wir oben gemeldet haben, auch auf Gemäuer haben brauchen können, wenn sie selbes mit Waide gefärbet haben; besonders da unser Bergblau, mit dem dasselbe wahrscheinlich eines gewesen ist, schon für sich selbst nach der Zeit ins Grünlichte zu verschießen pfleget? Allein sie scheinen dafür gesorgt, und jedesmal mit Kreide über den Kalk einen Grund gelegt zu haben. Denn Plinius merket von einer zubereiteten Art jenes Blauen ausdrücklich an, daß es keinen Kalk leide, und nur auf Kreide gebrauchet werde: Usus in creta, calcis impatiens. Lib. 33. cap. 13.

(***) In der Lebensgeschichte Johanns von Eyck (S. Academia artis pictoriae P. 2. L. 2.) dem man die Erfindung, die Farben mit Oel zu mischen, zu verdanken hat, wird von einem seiner an Figuren reichen Gemälde angemerket, daß dabey zu einem einzigen Mantel die Ultramarinfarbe 32 Ducaten gekostet habe.

(****) Die Schmalte, (sonst auch Schmelz, blaue Stärke, Schmelzgläser, Schmelzblau, Bleu d'émail, Smalte, Azur) wird fast nur in Sachsen und zwar aus Kobolt- oder Kobalderze bereitet, das man erstlich durch vieles Rösten vom Arsenik befreyet, hernach zu feinem Pulver stößt, und dann mit drey- oder viermal so viel gleichfalls pulverisirten glasartigen Sande,

oder

eine hoch- oder vollfärbige und eine bleiche, die man gewaſchene oder geſchlemmte Schmalte nennet. Beyde ſind ſtandhaft, auch ſogar in der freyen Luft. Die gemeine oder vollfärbigte giebt manchmal an Schönheit auch dem Ultramarin nichts nach. Die blaſſe dient ſehr wohl zum Grunde oder zur erſten Anlage, und ſonſt zu helleren Dingen und verſchiedenen Miſchungen.

III. §.

Insgemein geben doch dieſe zwo Farben zuſammen noch nicht genug Verſchiedenheit des Lichts und Schattens: es iſt wenigſtens ein Schwarz, um

oder reinen Kieſel und eben ſo viel Potaſche vermiſchet, in irdenen Geſchirren zu einem Glaſe ſchmelzet; welches man ferner, nachdem man es aus den in Waſſer abgekühlten, und dann entzweygeſchlagenen Krügen genommen hat, fein zerſtößt, oder auf einer Farbenmühle mahlet, im Waſſer durch vieles Herumtreiben von den Erdtheilen, die ſich bald auf den Boden ſetzen, reiniget, endlich wieder trocknet, und in Tonnen zum Verſchicken packet.

Man kann dieſe Farbe durch wiederholtes Schlemmen im Waſſer in feinere und gröbere Sorten theilen. Die letzteren, die an Farbe immer völler ſind, kommen von dem, was ſich zuerſt zum Boden ſetzt, jene aber von dem, was länger vermiſchet in dem Waſſer ſchwimmet, und dann mit dieſem zum zweyten- oder drittenmale abgegoſſen, und in ein anderes Gefäß übertragen werden kann. Ein ähnliches Waſchen und Abſondern haben wir oben auch von dem Bergblau aus Boetius de Boodt angeführet. Ja man verſtand ſich auch ſchon bey den alten Griechen (S. *Theophraſti Lib. de Lap.*) und bey den Rö-

mern ſehr wohl darauf: Ex caeruleo, ſind die Worte des Plinius (*Lib.* 33. *cap. ult.*) fit, quod vocatur lomentum; perficitur id lavando terendove: hoc eſt caeruleo candidius.

Man braucht die Schmalte ohne ſie mehr auf einem Steine zu reiben; denn hiedurch würde ſie von der hohen Farbe immer in eine bläſſere übergehen. Nun aber wird man wohl ſchlieſſen können, was die bleiche oder gewaſchene Schmalte ſey, die man ſonſt in Frankreich auch den gemeinen oder den holländiſchen Ultramarin (L'outremer commun, ou L'outremer d'Hollande) genennet hat; weil man ſie nur aus Holland um nicht geringen Preis erhielt. S. Pomet *Hiſt. Gen. des Drogues Par. 1. p.* 170.

Man kann die Schmalte zu was immer für einer Malerey noch viel verſchönern, wenn man ſie in einem mit Weingeiſte gefüllten, und wohl verſtopften Glaſe durch 5. oder 6. Tage in die Sonne ſetzt, und täglich etlichemal untereinander ſchüttelt. Es wird ſich hiedurch das Unreine, das noch darunter war, abſondern, und zuerſt auf den Boden ſetzen.

um dieselben zu vertiefen, und ein Weiß, um sie zu erhöhen, oder einigermaßen auch zu mischen, nöthig. Es sollen diese zwo Farben oder äußersten Gränzen wahrer, und besonders blauer Farben ebenfalls auf Mauern sehr standhaft, und also solche seyn, die vom Kalke nicht angegriffen werden. Die Griechen und Römer brauchten hiezu, wie uns Vitruvius (*) belehret, ein aus gebrannten Weinhefen bereitetes Schwarz. Felibien räth eben dieses an, sonst aber auch einige schwarzen Erden, die, wie er sagt, (**) in Deutschland gegraben werden. Fürs Weiße hingegen schlägt er einen gelöschten und dann wohl abgelegenen Kalk, oder ein aus zerstossenem weißen Marmor zu einer Farbe geriebenes Pulver vor. Gewiß ist, daß das Bleyweiß hier nicht statt habe; weil dasselbe auch sonst, wenn es nicht durch besondere Eigenschaften des Oels oder dergleichen Dinge, die es häften, verhindert wird, bald unrein und graulicht zu werden pfleget, und dieses, weil, wie die Chymiker die Sache erklären, das Bley, wovon das Bleyweiß durch Auflösung entstanden ist (***) von gewissen auch wohl in der Luft schwebenden

---

(*) De Architect. Lib. 7. cap. 10. Vitrub setzt dort hinzu; je besser der Wein ist, wovon die Hefen entstanden, desto schöner werde die schwarze Farbe seyn; ja sie werde sogar der indischen nahe kommen.

(**) Des Principes de l'Architecture &c. Liv. 3. Chap. 4. Felibien will doch unter selben deutschen Erdarten (les Noirs de terre d'Allemagne) die cölnische Erde nicht verstanden haben; weil selbe, wie er sagt, nicht ganz schwarz, sondern nur sehr dunkelrothbraun ist, und auf der Mauer gar ins Braunrothe zu verschießen pflegt. Bey anderen Arten der Malerey kann man doch aus dieser Erde, wenn man sie mit Frankfurterschwarz mischen will, das tiefeste Schwarz erhalten. Aber eben diese letztere, auch für sich selbst ganz schwarze Farbe, die von Frankfurt, woher man sie erhält, den Namen hat, ist zu unsiren Zeiten jenes Schwarz, das auf Gemäuer vor allen andern, und fast allein gebrauchet wird. Es kömmt ziemlich wohlfeil, und hat gar kein Reiben nöthig; weil es im Wasser alsogleich von sich selbst in einen feinen Schlamm zerfällt. Sonst hat man wohl auch den in einem verschlossenen Topfe nochmal gebrannten Kienruß dazu angewandt.

(***) Dieses Bleyweiß (Cerussa. Blanc de plomb.) wird bey allen anderen Arten zu malen doch sehr viel und verschieden gebrauchet. Die Alten und vornehmlich die Rhodier wußten selbes ebenfalls schon sehr wohl zu bereiten. Vitruvius (Lib. 7. cap. 12.) und Dioscorides (Lib. 5. cap. 103.) beschreiben diese Zubereitung fast mit folgenden Worten: man nimmt eine Bleyplatte, legt sie in einem irdenen Topfe über aufgehäuftes Rohr oder dürre Binsen; giesst
schar-

benden Salzen wieder anfängt aufzuleben. Es verdirbt etwa nach der Zeit wohl auch andere Farben, mit denen es im Gemälde einigerweise verbunden wird, und kömmt vielleicht das Nachschwärzen der Fleischfarbe an so vielen Gemälden meistens von demselben. Es schadet sogar der lebendigen Haut, und der natürlichen Farbe des Angesichts, wenn man es öfters zur Schminke brauchet. Auf die Beständigkeit des Schieferweißen (Cerussa lota) kann man insgemein eben keine sichere Rechnung machen, weil es meistens gleichfalls ein Bleyrost und vom Bleyweiße nur durch die Reine und die schieferartige Gestalt der Stücke unterschieden ist. Jenes doch, das vom Zinne bereitet wird, soll weder durch Feuer, noch durch eine Säure leichtlich können verändert werden, und also auch von der Zeit nichts zu befürchten haben.

IV. §.

scharfen Essig dazu, etwa bis an die Hälfte der Platte; man bedeckt alsdann das Geschirr, und verstopft es wohl. Nach etwa zehn Tagen kann man nachsehen; wenn das Bley schon um und um aufgelöset, und in Gestalt weißer Kreide auf den Boden gesunken ist, so gießt man den Essig ab, trocknet das Bleyweiß, zerstößt oder zermahlt es, und läßt es durch ein Sieb; das Zurückgebliebene zerstößt und siebt man wieder, und packt endlich alles nach Belieben. Man kann auch, sagt Dioscorides, die dünne Bleyplatte oben im Topfe also legen, daß sie von dem Essig gar nicht berühret wird; und sie wird dennoch von desselben Ausdünstungen fast eben so bald zernaget, und verändert werden.

Wie vormal das rhodische Bleyweiß vor andern angerühmt worde; so ist zu unseren Zeiten das venetianische besonders bekannt, und wird in vielen Umständen vornämlich wegen seiner Zarte und Leichtigkeit mit andern Farben zu verfließen gewählet. Diese Eigenschaften ertheilt man demselben, wie man uns berichtet, dadurch, daß man es mit siedheißem Wasser überschüttet,

wohl abreibt, und wieder auf den Boden sitzen läßt. Man bereitet itzt Bleyweiß an vielen Orten, und verfähret hierinn fast auf eine oder die andere von den angeführten Arten. Einige doch legen Bleyfeilspähne glatterdings in Essig, bis sie ganz aufgelöset sind." Felibien schreibt (Liv. 3. Chap. 6.) man hätte das Bley nur eingegraben, und würde sich selbst in der Erde in einigen Jahren in dünne Plättchen theilen, und sehr schönes Bleyweiß geben.

Man hat sonst noch eine Art von Bley oder Schieferweiß, das hier Kremserweiß, anderswo aber vielmehr Kremnitzerweiß genennet, und zu verschiedenen Arten der Malerey gebrauchet wird. Es übertrifft andere an Weiße, und dient darum sehr gut zu stärkeren Blicken oder das höchste Licht auszudrücken, und sonst die schimmernde Weiße leinener Stoffe oder niederländischer Spitzen hervorzubringen; läßt sich aber nicht so gelind und flüßig an, wenn es mit andern Farben soll vermenget, oder sanft vertrieben werden.

IV. §.

Zum Theatermalen, wo die Farben insgemein fast eben wie auf gemauerte Flächen mit in vielem Wasser aufgelöstem Lederleime zubereitet werden, dienen auch beynahe die nämlichen blauen Farben, sonderbar die beyden Schmalten. Nebst diesen wird doch der Indig zum tiefen Schatten, wie das Bleyweiß zum höheren Lichte, und beyde zu verschiedenen Mischungen auf ein eben mit Leimwasser und dann mit Stockkreide überzogenes Leintuch oder Holz vortheilhaft und fast sicher angewendet. Das Eschblau (*) kann in dieser Art der Malerey doch etwan auch einige Dienste thun.

V. §.

(*) Eschblau, oder, wie es andere nennen, Bergasche, Aschblau, blaue englische Asche (Cendres bleues d'Angleterre) wurde noch im vorigen Jahrhunderte sehr gebraucht; ist aber entweder durch den Ueberfluß der Schmalte oder durch den Tod derer, die es zu bereiten wußten, fast gänzlich ab- und in die Vergessenheit gekommen. In des D. Valentin Natur- und Materialienkammer (1. Th. 58. S.) wird gesagt, daß diese Farbe aus einem Steine, den man doch nicht bestimmet, bereitet wird. Pomet (Hist. des Drog. Par. 3. pag. 103.) schreibt, es würde dieselbe aus England, und in noch größerer Menge von Danzig nach Frankreich gebracht; es wäre ihm aber nicht möglich gewesen zu erfahren, ob es eine Composition oder sonst etwas anderes sey. Wir wollen doch rathen: man hielt geheim, woher diese Farbe entstehe: ein Bergwerk wäre doch kein Geheimniß; sie ist beynebens eine Art von Asche; und also ohne Zweifel ein künstliches Blau. Aber desselben Zubereitung? — Auch hievon darf man muthmaßen, und wir wollen unsere Meynung erklären: es kömmt diese Farbe dem äußerlichen Ansehen nach, dem Berg- oder Kupferblau nahe; und ist bald blau, bald aber vielmehr grün, oder gvünlichtblau; darum wir auch zuweilen Les Cendres bleues & vertes d'Angleterre bey Castell und Pomet lesen: dieses verräth aber ein Kupfer, das auch in Bergwerken bald eine grüne, bald eine blaue Farbe annimmt, wenn es aufgelöst, oder verrostet, und präcipitiret ist. Und wenn Boetius de Boodt (Gemmarum & Lap. Hist. Lugd. Bat. pag. 293.) erzählt, daß er in seinem Mineraliencabinet ein Stück von präcipitirtem Kupfer besitze, das die eine Hälfte ein Berggrün, die andere ein Bergblau ist, sagt er eben nichts seltenes: in hiesigen Sammlungen sieht man derselben verschiedene, und wir können ein und anderes selbsten zeigen. Nun aber beschreibet uns Vitruvius (de Archit. L. 7. c. 11.) wie das ägyptische Blau, dessen Erfindung man in den Jahrbüchern der Könige angerühmet hat, aus Kupfer bereitet wurde, mit diesen Worten: man zerstößt reinen Sand mit dem weißesten und reinsten Salpeter zusammen ganz fein wie Mehl; alsdenn mischet man Kupferseilspähne darunter, befeuchtet die ganze Masse mit Wasser und drückt sie mit den Händen zu Ballen; diese läßt man gemach durch und durch trocken werden;

V. §.

Wenn aber irgend in einer Art zu malen standhafte Farben erfodert werden, so ist es gewiß in der kostbaren Schmelzarbeit und Emailmalerey: denn bey dieser haben dieselben immer noch, wenn sie schon aufgetragen sind, ein sehr häftiges Feuer, zu zwey- drey- und auch mehrmalen auszuhalten: sie sollen aber denn auch allem, was andere Gemälde, wenigstens nach langer Zeit, verderben kann, trotzen, und ihren unversehrten Glanz und die Kunst unserer Zeiten auch der spätesten Nachwelt zeigen (*).

Die

den; hernach legt man sie in einen irdenen Topf, und setzt diesen in ein häftiges Feuer eines Ofens. Dadurch wird das Herz und der Sand miteinander zu einer blauen Farbe. Wir müssen hiebey anmerken: weil es nicht gewiß ist, ob die Alten durch das Wort Nitrum eben das, was wir, den Salpeter nämlich, verstanden haben, so müßten Chymiker, die für das Publicum den Versuch anstellen wollten, auch andere Salze versuchen, sonderbar ein alkalisches; weil einige Naturkündigen der Meynung sind, daß das Nitrum der Alten ein mit Erde vermischtes alkalisches Salz (Alkall minerale), wovon glaublich auch der Borrax kömmt, gewesen sey. Es wird aber doch Kupfer von jedem Salze leicht aufgelöset. Wir müssen hier nicht übergehen, was Sandrart (*Academia artis pict. P. 2. L. 3. pag. 108.*) erzählet, daß man vor zwey oder drey hundert Jahren in den ungarischen Bergstädten eine ungemein schöne blaue Farbe aus einer gewissen Asche bereitet hat: *Quamvis enim, antequam Turcae Hungariam occupassent, in montanis istius regni e cinere quodam .olor caeruleus pulcherrimus parari sit solitus.* Hievon urtheile nun jeder, was er will.

(*) Wie Felibien behauptet, (*Des Principes de l'Archit. L. 3. c. 10.*) ist die eigentliche oder undurchsichtige Emailmalerey in Frankreich zuerst um das Jahr 1632. aufgekommen: die durchsichtige, eine Art von Glasmalerey, war früher bekannt. Von dieser, wie auch von der Wachsmalerey und sonst noch von einigen alten und neuen Arten zu malen, behalten wir uns vor, bey einer anderen Farbe zu handeln. Man emailliret meistens auf Gold, sonst auch auf Kupfer: Silber aber ist hierbey nicht leicht zu gebrauchen, weil es im Feuer gemeiniglich selbst eher als die aufgetragenen Emailfarben schmilzt. Das rohe, weiße Email, den Grund zu allem übrigen, liefert insgemein Venedig auch allen französischen Künstlern. Es ist eine glasartige, leicht schmelzbare Composition vielleicht aus seinem mit calciniertem Borrax, reinem Salpeter und einigem Bleyweiße zusammengeschmolzenen und denn zerriebenen Glase. Man bereitet die Emailfarben zum Auftragen mit durch gelinde Wärme verdicktem Spiköle, das doch durch Ausdünstung bey einer gemäßigten Hitze wieder ganz muß abgetrieben werden, bevor man die emaillirte Platte in das Feuer setzet.

Die Erfahrung lehret, daß im starken Feuer keine anderen Farben ihre Lebhaftigkeit und Schönheit besser erhalten, als die aus dem Kalke der Metalle gezogen sind. Eine blaue Farbe giebt sonst das Kupfer, wenn es entweder im Schooße der Erde selbsten durch saure Flüße oder Dünste aufgelöset, und präcipitiret, oder durch Kunst auf eine ähnliche Art im Feuer veränderet wird; wie wir unlängst angemerket haben. Allein man kann auf die Beständigkeit dieser Farbe nicht bauen, die immer sonderbar leicht ins Grüne wechselt. Das aus geröstetem und sonst mit Sande geschmolzenem Kobald bereitete Blau, die Schmalte, ist dießfalls viel dauerhafter, ja fast ganz unveränderlich. Man brauchet es auch in der That am allermeisten und fast allein. Aber es hat doch dabey nicht alle Eigenschaften, die man wünschet: es ist eigentlich eine Art Glases; und läßt sich denn auch im Gebrauche, wenn es schon aufs feinste zerrieben ist, immer glasartig an: man erhält sehr schwer, daß es mit dem Oele eine geraume Zeit wohl vermenget bleibt, noch schwerer aber, daß es mit demselben aus dem Pinsel fließet. Man kann daher wohl damit durch gähe Drücke des überladenen Pinsels etwas größere Flächen einförmig bemalen; aber wenn Linien zu ziehen sind, fährt man insgemein mit einem zugespitzten Hölzchen besser als mit dem Pinsel, an dessen Haaren die spitzigen Glastheilchen vielmehr hangen bleiben. Allein auf solche Art gemachte Linien, und dann auch Strichchen oder Punkte, werden wohl etwa bey dem gemeinen, nur blau bemalten Porcellan, nicht aber bey den zärtesten Emailgemälden genugsame Feinheit haben. Einige rathen derowegen zu den letzteren vielmehr den Ultramarin zu nehmen; aber sie treffen es keineswegs besser: der Lasurstein, woraus die Ultramarinfarbe bereitet wird, widersteht zwar einem mäßigen Feuer; ja seine Farbe wird auch noch mehr erhöhet, wenn er, nachdem er in einem solchen Feuer geglühet hat, in Essig abgelöscht wird. Allein wenn man die Hitze bis zum Calciniren verstärket, oder wenn man ihn zerrieben bey dem Emailliren mit dem gewöhnlichen Flusse schmelzen will, wird er bald grünlicht, und endlich auch braun und erdfarben. (*) Es

ist

(*) S. Kronstetts Versuch einer neuen Mineralogie 109. §. und D. Arclais de Montamy Abhandlung von Farben zum Porcellan- und Emailmalen, 6. Cap.

ist derowegen immer eine aus Kobald gezogene Farbe vorzuziehen. Man verführt das Kobaldärz aus den Bergwerken nicht nur in der Gestalt einer blauen Farbe, auf die oben erwähnte Art geschmelzet, sondern auch unter dem Namen des Zaphers, Saffra, Safer, Zaffera, Safre, (*) nur nach wiederholtem Rösten zerrieben, und mit dreymal so viel zermahlenem Kiesel vermenget, und endlich unter eben demselben Namen auch geröstet allein, ohne Vermischung mit Kiesel oder Sande. Der calcinirte Kobald von dieser letztern Art läßt sich sehr fein zerreiben, und ist nicht schwerer als andere Emailfarben aufzutragen: doch sieht er nur grau oder schwärzlich aus, und erhält erst im Schmelzen mit dem Flusse die blaue Farbe. Sollte aber etwa seine erste Gestalt den Künstler im Malen zuviel irre machen, so müßte man entweder dem damit zu vermengenden Flusse mit einigen Tropfen von im Wasser aufgelösten Berlinerblau oder Indig, die im Feuer gleich anfangs wieder verzehret werden, eine Farbe geben, oder aber aus dem Kobald nach Montamys Vorschrift ein blaues Salz zu ziehen suchen (**)

Die-

(*) Wallerius Min. Anh. 559. S. Hübner Handlungs-Lex. Tit. Blauwerke, und andere nennen diese Farbe immer Safflor; welcher Namen der Blüthe einer Pflanze eigen ist, die sonst auch Flor, Saffranflor oder Florsaffran, bey Hrn v. Linne Carthamus tinctorius, bey Tournefort Saffran batard heißet, und von den Seidenfärbern zu zart- und hochrothen Farben gebrauchet wird: wovon wir an seinem Orte etwas mehreres melden werden.

(**) Ein sehr weitläufiger Proceß enthält wesentlich dieses; man legt guten nicht calcinirten Kobald in Salpetergeist, der mit 2 Drittheile Wassers vermenget ist, und läßt ihn durch einige Tage, etwa auch an einem warmen Orte stehen: wobey sich das mit dem benannten Geiste gemischte Wasser ganz roth färben muß. Dieses gießt man denn in eine porcellanene Schale ab, und menget etwas von sehr reinem und weißem Meersalze darunter, (etwa zu 8 Quintchen Wassers, 2 Quintchen Salzes.) Damit sich dieses wohl auflöse, treibt man es mit einem länglichten Stückchen Glases herum; nachdem es einige Stunden gestanden, sondert man die Auflösung von dem Unnützen, das sich auf den Boden gesetzet, und läßt sie in der Schale auf sehr heißer Asche ausdünsten. Wenn sie dick zu werden anfängt, soll sie sich grün, und endlich als ein blaues Salz zeigen. Von diesem muß der Salpetergeist noch immer ausdünsten: man muß es, damit es sich nicht an die Schale anhenke, fleißig bewegen, sich dabey aber wider die sehr schädlichen Dünste wohl bewahren. Das trockne Salz hat man hernach öfter, durch ein und andern Tag in die feuchte Luft zu setzen, oder ein wenig anzufeuchten, wo es jedesmal roth, aber auf der warmen Asche immer wieder blau wird. Wann man endlich

bey

dieser itzt benannte Chymiker versichert auch, daß ein gewisses Lasurblau, das man sonst Silberblau zu nennen pflegt, (*) bey dieser Art der Malerey eben sehr wohl dienen könne.

VI. §.

Was aber zum Porcellanmalen für blaue Farben tauglich sind, haben wir nun schon nicht mehr zu sagen. Man hat in den Fabriken dieser kostbaren Geschirre ohnehin genugsame Kenntniß der nöthigen Farben, und über dieß noch Geheimnisse, denen wir nicht nachzuspüren haben.

Zu dem unächten oder Halbporcellan (**) wird die Saffra von einer oder der andern Art gebrauchet. Die, welche mit pulverisirtem Sande vermischet, und, da sie in Tonnen gepacket wurde, durch und durch angefeuchtet worden, ist gemeiniglich eine steinharte Masse, und wird auch

G zu

bey dem Erwärmen keinen Salpeterdunst auch in der Nähe mehr fühlet, kann man zuerst im Kleinen versuchen, ob es das Aussüßen leide, ohne daß sich das etlichemal einen Zoll hoch darüber gegossene und allzeit eine Viertelstunde darauf stehende Wasser davon färbe. Nach dieser Aussüßung wird die Farbe endlich in einem porcellanenen Töpfchen auf einer Glut wohl getrocknet; bey dem Gebrauche aber jedesmal mit zwey- oder dreymal soviel Flusse vermenget.

(*) De Montamy hält dafür, daß dieses Blau den Namen Silberblau unrecht führe, und, ob es schon sehr theuer verkaufet wird, doch keineswegs aus Silber, sondern eben auch aus Kobald mit mehrerem Fleiße verfertiget werde. Nach andern Beschreibungen doch wird Kupfer und nebst einigen andern Dingen, die das Kupfer aufzulösen pflegen, auch legirtes Silber

dazu gebrauchet. S. Kronstetts Versuche. 17. Mineralogie. 109. §. Und eines Unbenannten sehr geheim gehaltene —— Kunststücke Titau 1768. Tit. Blau aus Silber. Durch den Namen Lasur- oder Asurblau, den D'Arclais jenem Blau lieber beplegen möchte, hat man in vorigen Zeiten eine andere blaue Farbe verstanden, die aus dem deutschen Lasursteine, der im Feuer nicht aushält (Lapis Lazuli non fixus) eben wie aus dem orientalischen der Ultramarin, bereitet wurde. S. D. Valentins Natur- und Materialienkammer 11. §.

(**) Diese Gattung führt hier durchgehends den Namen des hollitscher Geschirres von der bey dem bekannten kaiserlichen Lustschlosse in Ungarn angelegten Fabrik, wo es sehr häufig und schön verfertiget wird.

zu geringeren Töpferwerken, als Oefen und dergleichen vortheilhaft angewendet.

VII. §.

Zu den Theilen, die bey allen diesen Schmelzmalereyen im höchsten Lichte oder weiß erscheinen sollen, wird der weiße Grund gesparet. Ein vom Zinn, das mit reinem Meersalze calciniret worden, bereitetes Schieferweiß würde doch in vielen Umständen noch bessere Wirkung thun; weil man damit das Gemälde einigermassen nach Art der Oelmalerey behandeln, und den Theilen, die sich besonders erheben sollen, ein viel kräftigeres Licht geben könnte.

Zu dem tiefesten Schatten oder dem Schwarzen räth Felibien den schwarzen Glasurstein (Perigueux) zu nehmen. Andere bedienen sich hiezu lieber des Braunsteins (Magnesie) einer Art eines wilden Eisenärzes. Man kann auch sonst aus Eisen eine schwarze, wie eine braune Farbe ziehen.

VIII. §.

Zu den Schmelzarbeiten kann man auch die künstlich gefärbten Steine zählen. Um den Saphir (damit wir gegenwärtig bey der blauen Farbe bleiben) nachzuahmen, hat man 8 oder 10 Loth Bergkrystall und einen dritten Theil Salpeter mit noch wenigerem calcinirten Borax und etwa 2 Gran gebranntes Kupfer oder Kupferasche (Aes ustum) in einem Kalk-Glas- oder Porcellanofen zusammen zu schmelzen, und durch ein langwieriges Feuer zu kochen (*). Zu dem gemeinen blauen Glase wird auf den Glashütten die Schmalte oder der Safer eingeschmelzet.

IX. §.

(*) Anstatt des Krystalls kann man Krystallglas, ja wohl auch reine Feuersteine oder weiße Kiesel nehmen, dieselben einigemale im Feuer glühend machen, und immer wieder im kalten Wasser ablöschen, um sie mürbe zu machen, alsdenn zu einem Pulver reiben, und noch mehr durch wiederholtes Waschen reinigen. Der Borax muß zuvor, wo nicht calciniret, doch durch ein- oder zweymaliges Aufkochen bey einem Feuer gedämpfet seyn; weil er sonst durch gar zu häftiges Aufbrausen den Topf zersprengen würde. Dieser muß mit einem Deckel bewahret, und die Fügung et-

IX. §.

So schwer und ängstlich das Emailmalen ist, theils wegen der seltenen dazu tüchtigen Farben und der erfoderten äußersten Feine, theils wegen der stäten Gefahr, im Feuer durch verschiedene Zufälle alles verdorben zu sehen, so leicht, so sicher und angenehm ist im Gegentheile die Pastelmalerey. Die Farben sind größtentheils Erdfarben, die uns die Natur vor andern freygebig darbiethet; die Stelle der Tafel und des ganzen Grundes vertritt ein bloßes Papier (*). Die Art die Farben darauf zu tragen ist fast spielend, bequem und schnell, ohne Fluß und ohne Pinsel, insgemein nur mit Hülfe des kleinsten Fingers. Dieser verbreitet Licht und Schatten, mäßiget die Widerscheine, dämpfet, oder erhöhet alle übrigen Farben, und verbindet die verschiedenen Tinten durch übereinstimmende Halbtinten und fast unvermerkliche Uebergänge ungemein sanft. Nur Schade, daß wir solchen Gemälden nicht auch eine sichere Dauer auf spätere Zeiten zu ertheilen wissen! Aber nun zu den Farben, die wir vielleicht zu viel aus den Augen gelassen, wieder zurück zu kommen: von den blauen dient hier sonderbar das Berlinerblau (**), welches mit Bleyweiß verschieden gemischet

G 2   wird,

etwan auch mit Thone verstrichen seyn; wobey doch irgendwo der Luft eine kleine Oeffnung soll gelassen werden. Die hessischen Schmelztiegel sind bey dieser Farbe den haineryellischen vorzuziehen, weil die letztern etwas eisenhaltig sind, und daher gemeiniglich von sich selbst gelblich färben, folglich das, was blau werden soll, grünlicht machen. Man kann den Topf durch 4, 5, oder auch mehr Tage im Feuer lassen. Wallerius und de Montamy schreiben anstatt des gebrannten Kupfers, das der Masse die Farbe giebt, einige Gran Schmalte oder gerösteten Kobald vor; welches wir doch selbst nicht versuchet haben.

(*) Insgemein wird blaues oder bläuliches Papier genommen, besonders bey Bildnissen; weil dasselbe zu einem zarten Schatten des Nackten einen vortheilhaften Grund oder vielmehr einen Theil der Farbe reichet. Damit die Farben leichter und besser daran haften, soll es nicht sehr stark geleimet, und darum ein wenig rauh zu fühlen seyn. Zu den Pastelen oder Farbenstängchen, die man aber in Materialgewölben auch schon bereitet haben kann, mischet man die zu feinem Pulver getriebenen Farben mit Milch, oder auch nur mit Wasser, gar selten und ungemein sparsam mit aufgelöstem arabischen Gummi. Aus dem davon entstehenden Teige gestaltet man die beyderseits zugespitzten Stängchen, und läßt sie zum Gebrauche trocknen.

(**) Das Berlinerblau oder Preußischblau eine unvergleichliche Erfindung abermal
um

wird, um lebhaftere und helle oder auch blaſſe blaue Farben hervorzubrin‐
gen. Es läßt ſich doch bey dieſer Art zu malen auch das Bergblau brau‐
chen, beſonders wenn es mit einer andern Farbe, die geringer oder weniger
ſandartig iſt, vermenget wird, und fällt vornehmlich mit Berlinerblau ver‐
einiget ungemein ſchön und anmuthig aus. Zum tiefen Schatten bedient
man ſich vorzüglich der ſo genannten ſchwarzen Kreide, ſonſt wohl auch des
Frankfurterſchwarzes, und manchmal des Khienruſſes, der durch langes
Glühen in einem glaſirten Topfe reiner und zärter
geworden iſt.

VIII. Ab‐

unſers Deutſchlandes und unſers Jahrhunderts,
und zwar, wie man erzählt, eines gewiſſen Chy‐
mikers Diesbach, wird aus geröſtetem Ochſen‐
blut, Weinſtein oder Potaſche, Alaun und Ei‐
ſenvitriol, zuweilen auch mit einigem Zuſatze von
Coccinellen, bereitet. Man verfertiget daſſelbe itzt
verſchiedentlich und überflüßig auch zu Wien. Die
eigentliche Zubereitung iſt ſchon kein Geheimniß
mehr: wir werden dieſelbe ſamt jener des Silber‐
blau genauer zu beſchreiben, bey einer andern
Farbenclaſſe, z. B. dem Feuerblau, Gele‐
genheit nehmen.

Man kann mit dieſer Farbe allein, und wie
ſie, ohne fernere Zubereitung in unrichtigen Stück‐
chen iſt, auf franzöſiſchem oder holländiſchem Re‐
galpapier die artigſten Landſchaften, und dergleich‐
en Stücke machen; man ſparet zum hohen Lich‐
te den weißen Grund; ob man ſich ſchon auch,
beſonders bey kleinen gäh zu erhebenden Flä‐
chen, und ſonſt zur Miſchung, des Bleyweiſſes
bedienen kann. Den ſtärkſten Schatten drückt
man mit der ſchwarzen Kreide aus.

Solche gewiſſermaſſen einfärbige Gemälde
(Monochromata) pflegten auch die Alten zuwei‐
len zu machen, und Zeuxis zwar malte derglei‐
chen Stücke allein mit einer weißen Farbe: Pin‐
xit, ſagt von ihm Plinius (*Lib.* 35. *cap.* 10.)
& monochromata ex albo, ohne Zweifel auf ei‐
nem ſchwarzen oder ſonſt ſehr dunkeln Grunde.
Andere aber nach ihm wählten hiezu vielmehr ei‐
ne rothe Farbe, und zwar den Zinnober, wie
wieder Plinius erzählet. (*Lib.* 35. *cap.* 7.) Wo‐
von auch die vier erſten Gemälde unter den Her‐
culaniſchen (*Le Pitture antiche di Ercolano Tom.* 1.
Tab. 1. ――― 4.) ein Beweis ſind. Man be‐
merkte doch nach der Zeit, daß ein ſolches Roth
zu dieſem Gebrauche gar zu lebhaft und blendend
iſt, „ nimis acre exiſtimatur; man verfiel da‐
rum auf ein matteres und ſich etwa ins Braune
neigendes Roth „; ideo tranſiere ad rubricam
& Sinopidem. (*Plin. ibidem.*) In den neueren
Zeiten werden ſolche Gemälde faſt immer mit Blau
gemacht, beſonders nach der Entdeckung des
Berlinerblau, das auch in der Oelmalerey,
wie wir bald mit mehreren erklären werden, aus‐
nehmend ſanft und angenehm läßt.

VIII. Abschnitt.

Farbenstoffe und ihre Anwendung, um die Schattirung von blauen Farben auch in der Oelmalerey hervorzubringen.

I. §.

Wo sich die Pastelmalerey fast allein mit Bildnissen beschäfftiget, hat entgegen die Oelmalerey, diese glücklichste Erfindung, wodurch die Maler unserer Zeiten so vielfältige Vortheile vor den Alten haben, nicht nur einzelne Bildnisse, sondern auch vornehmlich zusammengesetzte Vorstellungen, als Geschichten Feldschlachten und Seegefechte zu ihrem Gegenstande; sie stellet beynebens ruhige Aussichten und Landschaften, Thier-Geflügel-Blumen-und Früchtenstücke und was sonst immer unsere Augen angenehm beschäfftigen, oder auch auf unseren Geist einen sonderbaren Eindruck machen kann, mit der anmuthigsten Gelmdigkeit und doch zugleich mit einer wunderbaren Kraft und bezauberenden Wahrheit vor. Was aber den Werth dieser Art zu malen noch mehr erhebt, ist, daß derselben Werke aller Feuchte und vielen andern Anfällen eines langsamen Verderbnisses auch in die Jahrhunderte glücklich widerstehen; wenn sie nur nicht einen einheimischen Feind, wir wollen sagen, unvereinbarliche und einander schädliche, oder doch für sich ganz unbeständige Farben enthalten. Wie sehr ist daher zu wünschen, daß bey Gemälden, die vermög ihrer übrigen Eigenschaften auf die spätere Nachwelt zu kommen verdienen, auch die Farben mit aller möglichen Vorsicht gewählet werden.

Man kann den Malern der zwey oder drey letzt verflossenen Jahrhunderte, wo die schönen Künste wieder aufblüheten, nicht absprechen, daß sie auch hierauf ein sorgfältiges Aug gewendet haben. Sie hatten kaum andere blaue Farben, als das Bergblau, den Ultramarin und später die Schmal-

sie läßt sich mit Bleyweiß durch alle Stuffen des Lichts erhöhen, und fällt dabey fast immer lieblicher aus; sie hat im Oele mit nur wenigem Bleyweiße vermenget eine erhabene Völle, ohne alle Vermischung eines Weißen aber eine Tiefe, die einem jeden Schwarzen den Vorzug streitig machet. Aber wenn von der Dauer die Frage ist, o da würde es schwer halten, auch nur etwa auf ein halbes Jahrhundert sich für dieselbe zu verbürgen; besonders, wo sie mit verschiedenen andern Farben vereinbaret wird; wie zuweilen von jüngeren Malern bey den Halbschatten des Nackten geschieht. Wir haben Bildnisse von dieser Art gesehen, die schon nach einem paar Jahre recht häßlich waren.

Was ist also für ein Rath? Der unsere wäre, eine standhaftere Farbe, und zwar den theuren Ultramarin zu Hülfe zu nehmen. Maler von einer sehr niederen Classe werden darüber stutzen: aber dieser Rath ist auch nicht für sie; es würde zu bedauren seyn, wenn ihre Werke sehr dauerhaft wären. Wir wollen diesen Vorschlag nicht einmal besseren Künstlern, in Absicht auf jene Gemälde gemachet haben, für die sie nur ganz gering belohnet werden: wir würden von ihnen einen unbilligen Aufwand fodern, der auch andererseits mit dem geringen Fleiße, den sie auf ein solches Stück verwenden können, nicht übereinstimmen würde. Wir reden also nur zu Malern, welche vollkommen im Stande sind, Werke zu verfertigen, die, wo nicht durchgehends itzt (weil man doch gemeiniglich das Gegenwärtige geringer schätzet) doch gewiß in späteren Zeiten, wenn sie unversehrt dahin gelangen, eine nicht gemeine Bewunderung erwecken werden; und sind wohl Genies von dieser Art unter Deutschen so gar selten? Man darf nur die Geschichten der deutschen Maler bey Sandrart (*) und Hrn. von Hagedorn (**), oder auch bey Hrn. Fueßli (***) durchsehen. Was für eine merkliche Zahl machen nicht, besonders unter den hagedornischen, auch nur diejenigen aus, die Wien besessen hat? Welche Ehre ließen nicht Ausläns

(*) Academia artis pict.
(**) Eclaircissemens historiques sur la Peinture.
(***) Geschichte der besten Maler in der Schweiz. Item Leben der deutschen Maler Rugendas und Kupetzki.

länder unserm **Droger**, **Unterberger**, **Seybold** und **Meytens** (damit wir nur die jüngst verstorbenen nennen) noch zu ihrer Lebenszeit widerfahren? Und wie Schade wäre es, wenn die unter Anleitung des letztern künstlichst geschilderten Feyerlichkeiten, die Wien unter der itzigen gesegnetsten Regierung gesehen hat, wenn alle die sinnreich historirten, vortrefflichsten Bildnisse der allerdurchlauchtigsten Familie, und dergleichen auserlesene Stücke, die durch weiseste Verordnung und großmüthigste Freygebigkeit unserer Monarchinn zu Stande gekommen sind, aus Mangel standhafter Farben etwa nach wenigen Jahren verderben sollten! Wir trauen denen, die sie verfertiget haben, mehr Einsicht und Sorgfalt zu: allein hier ist keine Vorsicht zu viel; da auch die Gemälde einiger sehr berühmten Farbengeber von letzt verflossenen Jahrhunderten aus Verschießung der Farben nicht mehr jene Wahrheit, jene Aehnlichkeit mit der schönen Natur zeigen, wegen der sie zu ihren Zeiten so hoch geschätzet wurden.

Zur blauen Farbe also (denn gegenwärtig schränken wir uns allein auf diese ein) rathen wir, bey der Draperie, oder Bekleidung der Figuren, den Ultramarin, und zwar den vom orientalischen Lasursteine bereiteten (*) zu Hilfe zu nehmen. Wir sagen, zu Hilfe, nicht für sich allein; welches wir freylich vergebens rathen würden. Verständige Maler sehen, ohne Zweifel, schon ein, was wir wollen. Sie pflegen, wenn sie ein Gewand mit Berlinerblau entworfen, auch mit Licht und Schatten gehörig und nachdrücklich unterschieden haben, dasselbe, um etwa einen blauen Sammt vorzustellen, noch einmal mit eben demselben Blau durchgehends, doch nur sehr gelind zu überziehen. Man nennt diese Arbeit glasiren; sie war auch den Alten nicht unbekannt, wie Plinius bezeuget (**) und Boetius von Boodt

---

(*) Dieser behält seine Farbe in gemeinem Feuer; worinn entgegen der europäische bald gränlicht wird. Die aus jenem bereitete Farbe ist eben auch viel dauerhafter, als die aus dem letztern. Man prüfet sie durch das Feuer; indem man eine kleine Dose davon auf glühende Kohlen setzt.

(**) Pingentes, schreibt **Plinius**, sandice sublita, mox ovo inducentes purpurissum, fulgorem minii (*nostrae Cinnabaris*) faciunt. *Lib.* 35. *cap.* 6.

Boodt hat schon zu seiner Zeit hiezu den Ultramarin angerathen. Auf diese Art könnte die Farbe wohl nicht hoch zu stehen kommen; und doch würde dadurch das Berlinerblau samt anderen Farben ganz sicher gehäftet, und also dem Gemälde für diesen Theil, nebst der besonderen Schönheit, eine Dauer auf mehr hundert Jahre ertheilet werden (*).

III. §.

Das bisher erwähnte gehet doch nur bey Schilderung blauer Stoffe an; was aber für das Gesicht und andere fleischigten Theile, wo zuweilen durch eine zarte Haut bläulichte Adern blicken, und die Halbschatten selbsten ins Bläulichte fallen sollten? Wir getrauen uns nicht abermal den Ultramarin zu empfehlen, wenn er sich nicht etwa auch hiebey zuletzt als eine Glasur, die sich unvermerkt gegen alle Seiten verlieret, auftragen läßt: denn sehr erfahrne Maler haben uns versichert, daß, wenn derselbe mit Bleyweiß oder andern Farben gebrochen, und also vermenget wird, er innerhalb einiger Jahre in gewissem Verstande herauswachse, oder jene Farben, über denen er sich in Gestalt eines blauen Sandes setzet, verdringe, und also das Gemäld verstalte. Ob wir schon glauben, daß die ganze Schuld vielmehr auf dem durch saure Dünste aufgelösten, und denn sich absondernden Bleyweiß hafte (**). Aber man hat ja, um eine auch sehr zarte

Fleisch-

(*) Sollte nicht auch hochfärbiges Bergblau, das hier nicht sehr kostbar ist, mit Berlinerblau vermenget wohl zu gebrauchen, und zuletzt mit Spikel anstatt des Firnisses aufgetragen, schön und dauerhaft seyn? Uns hat die eigene Erfahrung den Satz bestättiget, daß zwo verschiedene Farbenarten, die sonst für sich allein sehr leicht verschießen, wie z. B. Span- und Schwerdtliliengrün, untereinander verbunden sehr standhaft werden. Und vielleicht liegt hierinn die Ursach, daß in den Beschreibungen der herkulanischen Gemälde, unter den noch kennbaren Farben, vor andern das Violet (pavonazzo) welches immer eine aus zwoen vermengte Farbe ist, so vielfältig vorkömmt.

(**) Von einem ziemlich dauerhaften Weiß, das aus calcinirtem Zinn bereitet wird, haben wir oben (3. §.) Meldung gethan. Man verfertiget freylich itzt auch ein viel dichteres und schöneres Bleyweiß, als man etwa vor 10. oder mehr Jahren sah: allein Bley wird immer gar zu leicht von verschiedenen sauren und besonders urinösen Flüßen, auch ohne Wärme, aufgelöset:

Fleischfarbe auszudrücken, eben nicht eigentlich blauer Farben nöthig. Vortreffliche Maler brauchen anstatt derselben immer entweder auserlesenes Erdgrün (grüne Erde, Terre verte) oder ein Schwarz, das mit vielem Bleyweiße gemischet ganz bläulicht läßt, besonders wenn es neben blaßgelben, röthlichten und braunen Farben stehet. Ein solches Schwarz ist vornehmlich das aus gebrannten Pfirsichkernen (*).

IV. §.

Es dienen bey dieser Art zu malen sonst noch verschiedene schwarze Farben, die aus allen drey Reichen der Natur hergeholet insgemein durch

H 2 das

wie sollen und nicht auch die daraus bereiteten Farben verdächtig seyn? Ja auch selbst diese Farben oder Kalke, Bleyweiß, Bleygelb und Menig lassen sich vom Terpentingeiste und einigen andern ausgepreßten Oelen, die man sonst wohl auch zum Malen brauchet, mittels einiges Kochens, ganz zerlösen, mit vermengtem und angezündetem Schwefel zu einer schwarzen Masse schmelzen, mit Potasche zu Bley reduciren; sollte wohl die erwärmte Luft, da in derselben so mannigfaltige scharfe Dünste und flüchtige Salze schweben, durch mehr Jahre nicht das nämliche wirken können? Und welche traurige Beyspiele mußte man hievon nicht öfter in sonst sehr schätzbaren Gemälden erfahren? Maler sehen denn zu, wieviel sie dem Bleyweiße zu trauen haben, oder durch welche Mittel sie sich, nach Art einiger älteren Maler, von dessen Standhaftigkeit versichern können.

(*) Dieses Schwarz leistet auch sonst bey dieser Malerey wegen seiner annehmlichen Mischung mit Weiß, die vorzüglichsten Dienste. Man bereitet es auf folgende Weise: Mit Pfirsichkernen, die man zuvor auch entzweyschlagen kann, um die inneren Kerne, die zum Rosoli dienen, abzusondern, füllt man einen irdenen Topf ganz an. Diesen muß man bedecken, und noch dabey die Fugen zwischen dem Deckel und dem Topfe, damit sich darinn keine Flamme entzünden kann, mit Thon genau verstopfen. Der Thon soll anfangs, damit er nicht zerspringe, langsam trocknen. Den Topf setzt man alsdann ins Feuer, und läßt ihn durch 3. oder 4. Stunden glühen. Die gebrannten Kerne reibt man hernach ungeachtet ihrer anfänglichen Widerspänstigkeit auf einem Steine mit Wasser zu einem ganz feinen Pulver; dieses trocknet man an der Sonne, und behält es auf; beym Gebrauche vermengt man es mit Oel. Es lassen sich auch andere harten Schalen und Steine von Früchten, als von Nüssen, Abricosen, Pflaumen, und dergleichen, auf diese Art zu Kohlen brennen; allein die Farben davon sind mit der von Pfirsichsteinen nicht zu vergleichen.

das Feuer entstehen, und also gewissermaßen Kohlen sind (*). Die, welche von zerstörten Körpern des Pflanzenreichs genommen werden, und eigentlicher **Kohlen** heißen, spielen immer in das Blaue; die aber von Thieren kommen, neigen sich entgegen in das Braune. Eines und das andere klärt sich besser durch die Mischung mit dem Bleyweiß auf. Von der ersten Gattung sind nebst den erwähnten Pfirschsteinen die gebrannten Weinreben, und die Kohlen von was fast immer für andern mit gleicher Vorsicht in verschloſſenen Töpfen verbrannten Hölzern (**). Von der andern
sind

(*) Hievon ist doch die schwarze Kreide auszunehmen, die uns das Mineralreich so, wie wir sie haben, als eine weiche, vielleicht von eingemengtem Erdpeche so dunkel gefärbte Art eines Schiefers liefert. Auch diese Farbenart läßt sich mit Oel anwenden. Ja selbst von Steinkohlen findt man nicht selten solche, die sich ohne Nachtheil ihrer Schwärze ganz fein zerreiben, und zur Farbe im Oel sehr wohl gebrauchen lassen. Man bedient sich doch derselben bey dieser Malerey sehr selten, weil wir an andern, vielleicht noch besseren schwarzen Farben keinen Mangel haben: der schwarzen Kreide aber schont man etwa auch darum, weil sie nicht gar häufig oder leicht zu haben ist, und und andererseits zum Zeichnen und Pastelmalen nützlichere Dienste leistet.

(**) Hiezu könnte man noch den **Kiehnruß**, und, der öfter unter eben diesem Namen kömmt, den gemeinen Ofenruß rechnen; er entstehet meistens auch aus zerstörten Hölzern, und wird durch das Ausglühen in einem verschloſſenen Topfe, welches ihm das harzige Wesen benimmt, und mehr Fürte ertheilet, eigentlich wie Kohlen gebrannt. Man braucht ihn aber itzt in der Oelmalerey schon selten; weil er zuviel schmutzet, oder die Farben, mit denen man ihn mischen, oder verreiben will, immer gar zu sehr verdringet. Weil er aber in der Buchdruckerey, wo man ihn mit Leinöl zubereitet, noch in einigem, vielleicht nicht ganz verdienten Werthe ist, müssen wir von dem eigentlichen **Kiehnruſſe** doch kürzlich melden, wie er nach den schwedischen Abhandlungen für 1754. bereitet wird. Wo man das von Tannen und Fichten gesammelte Harz, oder auch, wo man Terpentin auskochet, legt man alle Holz- und Rindenstücke, oder was etwa sonst bey dem Durchseigen des noch warmen Harzes zurück geblieben, beyseite, und verbrennt es hernach in einem niedern Ofen, von dem der Rauch durch eine lange Röhre in eine gewölbte Kammer geleitet wird; über deren obere Oeffnung ein wollener, nicht dicht gewebter Sack gespannet ist. Hieburch hat nun die Luft den Zug; der Ruß bleibt aber an dem Sacke, den man öfter durch ein geringes Erschüttern davon entladen muß, oder an dem Gewölbe der Kammer, wovon man ihn leicht sammelt, hangen. Wir müssen den Alten abermal das Recht widerfahren lassen, daß sie diese Sache eben so gut verstanden haben. **Vitruv** hat den kleinen Ofen und die Kammer fast eben auf diese Art beschrieben. (*de Archit. Lib.* 7. *cap.* 10.) und nach ihm macht davon auch **Plinius** Meldung; deſſen wenige
Wor-

sind die gebrannten Beine (*). Jene lassen sich mit Weiß durch verschiedene Stuffen eines immer annehmlichen Grauen mäßigen. Diese entgegen gehen durch eine solche Mischung nur in unangenehme Erdfarben über, dienen aber sehr gut für sich allein, und über jene, wenn dieselben mit ein wenig Weiß gebrochen sind, zu dem tieferen Schatten. Beyde Arten sind sehr standhaft, und fast durch keine andere Wirkung der Natur, als durch das offene Feuer, das sie zu einer weißlichten Asche brennet, zu verändern. Das feinste und schönste Schwarz unter allen, die wir haben, ist freylich das von gebranntem Helfenbein (**) allein man kennt es wenig; weil man in den Farbenbuden unter diesem Namen fast immer nur gemeines Beinschwarz findet.

H 3　　　　　　　　　V. §.

Worte wohl hier stehen können: Fit (atramentum) & fuligine — resina vel pice exustis; propter quod officinas etiam aedificavere, fumum eum non emittentes. Laudatissimum eodem modo e taedis. *Nat. Hist. Lib.* 35. *cap.* 6.

Die Alten haben auch auf die Kohlen von der Fichte, Föhre, oder dem Kienbaume, welcher ihre Taeda heißen kann, vorzüglich viel gehalten. Beyde erwähnte Schriftsteller haben an den angeführten Stellen gerathen, dieses Holz zu Kohlen zu brennen, dieselben auszulöschen, und zum Gebrauche als Farbe in einem Mörser zu zerreiben. Zu unsern Zeiten wird das Schwarz von gebrannten Weinreben, von dem doch wieder Vitruvius schon eben daselbst einige Erwähnung gethan, allen übrigen Holzkohlen vorgezogen. In sich selbst sind die schwarzen Farben, die man aus Kohlen verschiedener Holzarten erhält, kaum voneinander zu unterscheiden; obschon die Kohlen an Härte oder Weichlichkeit sehr verschieden sind, und zwar mit einem gewissen Verhältnisse zum Holze, woraus sie entstanden. Und diese Weiche oder Gelindigkeit einer Art vor

der andern ist eigentlich das, was uns bestimmen kann, besonders in Absicht auf Reißkohlen die Weinreben, oder das noch weichere Weidenholz andern vorzuziehen. Man muß es aber immer zu Reißstiften schon vorhin schneiden, oder von andern Bäumen Stückchen junger Aeste wählen, und dieselben zu Kohlen, auf die oben erwähnte Art, in einem wohl verschlossenen Topfe brennen.

(*) Gebranntes Horn, welches gleichfalls eine braunschwarze Farbe giebt, könnte man eben auch hierunter zählen, wenn es mehr gebraucht würde.

(**) Aber sollen wir wohl mit Stillschweigen übergehen, daß das Helfenbeinschwarz schon in den ältesten Zeiten bekannt gewesen, und den Apelles zum Erfinder hat? Plinius bezeuget es: Apelles commentus est, (atramentum) ex ebore combusto facere, quod elephantinum vocavit. *Lib.* 35. *cap.* 6.

V. §.

Mit einer Art von Oel und aus Oel bereitetem Firnisse werden die Farben auch zum Lakiren (*) gerieben und aufgestrichen. Es ist eine fast natürliche Folge, daß dazu eben dieselben blauen Farben, die man bey dem Oelmalen brauchet, dienen können, vornehmlich das Berlinerblau, welches man mit Bleyweiß erhöhet, oder auch bis zur Bläße vermischet. Andere doch ziehen zu dieser Arbeit die Schmalte vor; die sie einigemale allein, hernach aber eben so oft mit einem geringeren Theile von Bergblau vermenget, jedesmal auf die vorgehende ganz trockne Lage tragen. Zum Schwarzen wird insgemein gebrannt Beinschwarz oder Lampenschwarz genommen.

VI. §.

Ueber Blättchensilber, das mit dem gehörigen Grunde etwa auf Holz getragen, und geglättet ist, blau zu glasiren, wird itzt gleichfalls feines Berliner- oder Pariserblau, das man mit Spicköl reibet, und dann mit Firnisse vermenget, am vorzüglichsten angewendet (**).

VII. §.

(*) Der Grund wird zum Lakiren, oder Firnissen mit dünnem Leime, danach mit einer auch mit Leimwasser vermengten Kreide geleget, und mit Schafthalm (oder Schaftheu) durch Reiben, geglättet; die Farben auf dem Steine mit Spicköl gerieben, zum Gebrauche aber mit einem glänzenden Firnisse vermischet, und nachdem sie oft genug aufgetragen, und wohl getrocknet sind, mit Trippel und Baumöl abgeschliffen, mit Leder gereiniget, und endlich mit einem sehr klaren Firnisse noch einigemal überstrichen.

(**) Vor Entdeckung des Berlinerblauen wurde zum Glasiren feine Schmalte gebrauchet; die man hiezu mit Kiehnöl vermengte.

Wie über Holz auf den gewöhnlichen Vergoldgrund das Blättchensilber, so läßt sich über Gyps auf einen noch nicht ganz trockenen Grund von Pergamentleime gutes Staubsilber mit einem Haarpinsel trocken auftragen, nach einem oder andern Tage mit einem Achat, oder Wolfszahne poliren, und denn auch, wenn man will, mit allen Farben (blau auf die oben gemeldte Art) glasiren. Die Arbeit fodert ein Bißchen Geschicklichkeit, fällt aber sehr artig aus, das einestheils rauhgelassene, anderswo geglättete Silber kömmt jenem der Goldarbeiter ganz ähnlich. Die halberhabenen (bas-relieves) gypsenen Bilder sind hiezu die tauglichsten; und derer kann man sich eines von dem andern selbst, in einer wohl abgekneteten Vermengung von

Wachs,

VII. §.

Aber nachdem wir schon verschiedener schwarzen Farben, die mit Oel zu brauchen sind, erwähnet haben, müssen wir zwo schätzbare Künste, die sich eben solcher schwarzen mit Oel vermengten Farben bedienen, die Kupfer- und die Buchdruckerey wohl nicht übergehen. Welche auserlesene Meisterstücke von Kupferstichen erscheinen nicht itzt in Deutschland! Und ist nicht auch manches, was hierinn auswärtige Länder liefern, von deutschen Künstlern? Und wenn es erlaubt ist sonderheitlich auch von unserem Wien und von der von unserer großmüthigsten Herrscherinn für diese Kunst errichteten Akademie zu reden, welche erwünschte Früchte zeigt diese nicht, und was läßt sie nicht noch ferner hoffen? Destomehr ist daran gelegen, daß auch die Abdrücke die gehörige Kraft und eine angenehme Schwärze erhalten. Hierinn that es uns bisher eine andere Nation zuvor. Allein die würdigen Vorsteher der Akademie haben auch für diesen Theil gesorget: man unterhält hiezu fremde tüchtige Leute. Doch würde man gerne die dazu nöthigen Materialien auch unsern Künstlern bekannter, und die geheimen Kunstgriffe allgemeiner ausgeübt sehen. Unsere Abdrucker vermengen mit dem gewöhnlichen Druckerfirnisse oder dem stark eingekochten Leinöl (*) das Frankfurters-

Wachs, Haarpuder und Baumöl immerfort sehr vollkommen absormen. Will man aber etwa zum Gebrauche des Theaters, über weißes Blätchenmetall, das nur mit dünnem Leime auf Holz aufgelegt ist, oder über mit solchen Blätchen versilberted Papier, blau glasiren, so muß man ein Stückchen Kolophoni in Spicköl durch eine gelinde Wärme auflösen, und denn das Berlinerblau mit demselben mischen.

(*) Das Lein- oder was immer sonst für ein anderes Oel würde ohne weitere Zubereitung für den Gebrauch der bepden Künste immer gar zu flüßig seyn, und gar zu langsam trocknen. Es muß daher durch Kochen, ja sogar durch Brennen verdicket werden; wo es dann Firniß heißt. Man setzt es zum Feuer in einem Toopf, der fast zwey Drittheile leeres Raumes übrig hat. Hiedurch verhütet man, daß das Oel beym Aufwallen nicht überfließe, welches gefährlich wäre. Man rührt es unter dem Kochen etwa mit einem eisernen Löffel beständig um. Wenn es anfängt aufzusieden, kann man einige an eine Gabel gesteckten Brodschnitten die auf der Oberfläche des Oels sich sammelnde feinere Fette an sich ziehen lassen. Hernach aber zündet man dasselbe mit einem brennenden Papier oder Kienspflitter an, um es von den fetten oder schmierigen Theilchen, die vor andern eine anständige Nahrung des Feuers sind, noch mehr

terschwarz, und erhalten hiedurch ganz gute und reine Abdrücke: doch neigt sich diese Farbe aus dem Schwarzen immer ein wenig ins Braune. Es ist ihnen zwar nicht durchgehends unbekannt, daß sie mit einem Firnisse von Nußöl ein viel markigteres und annehmlicheres Schwarz erhalten könnten; (*) allein dieses Oel ist in einem etwas höheren Preise, und die Anwendung desselben kostet mehr Zeit und Mühe; weil die Kupferplatte hiebey immer einigermassen warm gehalten, und also jedesmal nach etlichen Abdrücken wieder angewärmet werden soll. Der Gebrauch dieses Firnisses ist daher freylich nicht für jede gemeinen Kupferstiche; aber beträchtliche Werke von Meisterhänden scheinen uns solche Mühe und Kosten für die Ehre unserer Künste mit allem Rechte zu fodern. Und sollte man nicht etwa ein Mittel ausfinden können, die Platte, wenigstens zu Winterszeit, immer gleich warm zu erhalten, und also jene Mühe zu verringern? Sollte die Farbe nicht auch durch einigen Zusatz von Lampenschwarz (**) noch mehr Schönheit und Stärke erhalten?

VIII. §.

zu bestreyen, läßt es solang brennen, bis man vermuthet, daß es abgekühlt sich einigermassen in Fäden werde ziehen lassen. Man kann hiezu wohl auch von Zeit zu Zeit mit einigen Tropfen, die auf einem Marmorsteine bald erkalten, Versuche machen. Um es auszulöschen, hat man nur den Topf genau zuzudecken. Sollte es etwa gar zu dick geworden seyn, kann man es immer wieder mit einem frischen Oel verdünnen. Noch besser ist es, wenn man zweyerley Firniß im Vorrathe hat, um einen durch den andern auch nach Erfoderniß des wärmeren oder kälteren Wetters zu mäßigen.

(*) Das Nußöl erhält schon für sich selbst durch das Feuer, wenn es auf die erwähnte Art zu einem Druckerfirnisse verdicket wird, eine viel dunklere Farbe, als das auf solche Weise bereitete Leinöl, und hilft denn das Frankfurter-

oder jedes andere Schwarz sehr kräftig und gewissermassen bläulicht vertiefen. Man pflegt zu 3. oder 4. Loth eines und des andern Firnisses insgemein nur 1. Loth schwarzer Farbe zu nehmen, und sie auf einem Steine wohl untereinander abzureiben.

(**) Lampenschwarz wird der Ruß genannt, den man über der Flamme einer Lampe sammelt. Er ist immer von einer viel schöneren und tieferen Farbe als der Kiehnruß, im Gebrauche zarter und gelinder, als jedes andere Schwarz, und wird daher auch zu den niedlichsten Kalirarbeiten vortheilhaft gebraucht. Man kann sich davon eine beträchtliche Menge über eine Nacht verschaffen, wenn man einen grossen Topf über etliche brennende Lampen stürzet: dem man doch, um der Luft unten freyen Weg zu lassen, etwa mit einem paar Stückchen eines Ziegels

VIII. §.

Da die Erfindung der Buchdruckerey unserem Deutschlande so viele Ehre macht, sollte wohl die Ausübung dieser Kunst den Ruhm der Nation auch ferner unterhalten. Es fehlet vielleicht an Schönheit und Verschiedenheit der Charaktere nicht; doch über die Bläße der Farbe höret man nicht gar selten klagen. Den Firniß weis man gewiß sehr wohl zu bereiten: (*) hat also vielleicht der Kiehnruß Schuld daran? Wenigstens wird bey einigen andern Nationen, wie man uns berichtet, anstatt dieses oder doch mit diesem das ihnen sogenannte deutsche (Frankfurters) Schwarz zu solchem

geld stützen muß. In den Lampen mag nun Baum= oder Leinöl oder auch Insult brennen: die Farbe wird bey allen von ganz ähnlichen Eigenschaften. Die Künstler können daher diesen Ruß mit noch geringerem Aufwande erhalten, wenn sie über den Lampen oder den Inseltkerzen, die sie Abends ohnehin bey ihrer Arbeit brennen, einen blechernen tiefen Deckel oder Hut befestigen, worin sich von Zeit zu Zeit genugsamer Ruß sammeln wird, der sonst zerstreuet die Zimmer oder Werkstätten beschmutzen würde. Man muß doch gestehen, daß diese Farbe die Natur der Körper, woraus sie entstehet, einigermaßen beybehält, sich immer fett anläßt, und also für sich allein mit dem Firnisse vermenget, in Absicht auf die Druckerey, gar zu leicht zerfließet, und gar zu ungern trocknet. Doch diesem Mangel wird durch Vermengung einer kohlenartigen Farbe, wie das Frankfurterschwarz oder auch der ausgebrannte Kiehnruß ist, vortheilhaft abgeholfen; da ohnehin die Vereinigung von zwey oder mehrerley Farbenstoffen zur Böße und Standhaftigkeit besonders der schwarzen Farben jedesmal sonderbare Wirkung thut.

(*) Da bey dem Bücherdrucken das, was die Farbe aufnehmen, und auf das Papier tragen muß, erhoben ist, geschieht es noch viel leichter, daß die Farbe über die gehörigen Gränzen fließet, wodurch die Charaktere stumpf und unrein werden. Der Firniß muß daher bey diesem Werke noch ein wenig zäher seyn. Man erhält dieses durch längeres Kochen, und noch gewöhnlicher durch einen Zusatz von Terpentin, der zuvor allein durch Kochen sehr verdicket, dann mit dem noch warmen Firnisse zusammengegossen, und mit demselben, damit sie sich recht wohl vermengen, noch ferner gekocht werden muß. Bey recht altem oder wohl abgelegenem Oele kann man diesen Zusatz ganz entbehren, vielleicht weil, da sich bey solchem vieler Schleim abgesondert hat, das Feuer in die aufgelösten fetten Theilchen besser wirken, und sie mehr verzehren kann: wo hernach ein fast nur harz= oder gummiartiges Wesen, das sich auch mit dem genetzten Papier ganz wohl vereiniget, und sehr leicht trocknet, zurückbleibet. Lewis suchet dieses in seiner Historie der schwarzen Farben auf eine etwas verschiedene Art weitläufig zu erklären.

chem Gebrauche angewendet; (*) Lampenschwarz würde wohl eben eine so schöne und kraftvolle Farbe geben; aber es trocknet für sich allein zu schwer: mit einem größeren Theile von einem andern Schwarz gemischet, würde es vielleicht zur Völle und Standhaftigkeit der Farbe ungemein vieles wirken. Nußöl anstatt des Leinöls zu brauchen würde man ohnehin vergebens rathen.

IX. Abschnitt.

Materialien und Kunstgriffe, derer sich zur Hervorbringung blauer oder auch schwarzer Farben die Färberey bedienet.

I. §.

Obschon die Färberey selbst niemals anstehen wird der Malerkunst, im Ganzen betrachtet (**) den Vorzug einzuräumen; so muß man doch gestehen, daß uns dieselbe eine so unerschöpfliche Verschiedenheit der Farben,

(*) Der Kienruß, wie er ohne weitere Zubereitung in Materialbuden zu haben ist, enthält eben zu viele Fettigkeit, um so geschwind zu trocknen, als bey dem Drucken erfodert wird, damit die Schrift nicht verwischet werde, oder sich untereinander beschmuge. Man befreyt ihn von dem Fette, und macht ihn zum Gebrauche seiner dadurch, daß man ihn in einem wohl verschlossenen Topfe, wie wir schon anderswo erinnert haben, durch und durch glühen läßt, und also zu einer Kohle, oder einem Kohlenstaube brennet. Allein er verliert hiedurch zuweilen mehr als die Hälfte seines Gewichts und Wesens; und das Frankfurterschwarz kömmt bey uns eben nicht gar hoch zu stehen.

(**) Man weiß, daß die Farbengebung nur eine von den Eigenschaften oder den Theilen der Kunst zu malen sey, und daß an einem Maler beynebens Erfindung und Zeichnung, Anordnung oder Zusammensetzung, Vertheilung des Lichts und Schattens samt den Widerscheinen, Perspective, und — was nicht sonst noch erfodert werde; ja daß auch das Colorit bey ihm nicht so einfach sey; daß seine abwechselnden Tinten eine angenehme Uebereinstimmung und eine sanfte Verbindung untereinander haben müssen, u. d. m.

ben, itzt mit so reiner Zärtlichkeit und entzückender Anmuth, ein anderes mal mit so blendender Lebhaftigkeit oder prächtiger Höhe, wieder mit so reicher Völle und Kraft, immer mit einem so sanften Glanze liefert, daß sich von allen den Künsten, wovon bisher gehandelt worden ist, oder die sonst noch Farben zum Gegenstande haben mögen, wohl keine mit ihr in diesem Theile wird vergleichen können (*). Es ist aber die Rede vorzüglich von den Farben, die man in den sogenannten Schönfärbereyen der Seide ertheilet; obwohl einige Farben auf reiner Wolle jenen auf Seidenstoffen den Vorzug zuweilen streitig machen.

Die Schönfärber nun und meistens auch die gemeinen Zeugfärber brauchen zu blauen Farben fast nur den Waid und den Indig. Diese beyden färbenden Materien sind aus dem Pflanzenreiche hergeholet; beyde sind niedere Pflanzen, und waren auch schon bey den Alten, wenigstens zu Jul. Cäsars Zeiten bekannt (**). Der Indig wurde doch, vermuthlich wegen

(*) Jene treffen es daher sehr wohl, die historische nicht gar grosse Bilder, Vögel, Schmetterlinge u. d. m. nach der Natur mit ein wenig erhoben zusammengesetzten Seidenfleckchen anstatt der Farben entwerfen, wie man itzt zu Wien sehr artig verfertigte Stücke findet. Die Vorstellungen werden viel lebhafter und angenehmer; denen man doch hier und dort, und besonders zu den sich gelind verlierenden Schatten ein wenig mit Saft- oder Glasurfarben helfen muß. Es ist nur zu bedauren, daß einige der feineren Farben dieser Seidenstoffe nach nicht vielen Jahren verschießen.

(**) Vielleicht werden dieses einige von dem Indig noch in Zweifel ziehen. Hier sind derowegen die eigenen Worte des Plinius: „Non pridem apportari & Indicum (er redt von den blauen Farben) est caeptum: ratio in pictura ad incisuras, hoc est, umbras dividendas ab lumine. Lib. 33. cap. ult. und L. 35. cap. 6.,,. Ab hoc maxima auctoritas Indico. Ex India venit, &c. Aber ist es dabey schon ausgemacht, wird man etwa sagen, daß dieses Indische Blau der Alten eben das gewesen, was wir itzt haben? Selbsten jene, die dergleichen Stellen der Alten zu erklären unternommen haben, Philander (in Vitruvii Lib. 7. cap. 10.) und Harduin (in Plinii Lib. 35. cap. 6.) glaubten das Widerspiel: Indicum, schreibt jener, quod praeter id, quod tanquam Spuma in Indicis harundinibus nascitur, est & Spuma purpurea innatans infectoriis purpurariis cortinis, —— Neutrum hodie invenitur. Und letzterer: Nobis hodie id Indici genus incompertum, ut aevo Plinlano perrarum. Allein die Eigenschaften, die die alten Schriftsteller ihrem Indig beylegen, sind allzugenau auch der Art, die man heute

gen seiner Kostbarkeit, fast nur in der Malerey gebrauchet. Dieser Farben Erfindung haben aber vielleicht weder die weisen Griechen, noch die aufgeklärten Römer sich zuzueignen: ja den Indig belangend, war ihnen nicht einmal bekannt, woraus er bereitet würde (*). Es läßt selbst der Namen und

te hat, eigen, als daß wir ihn für etwas verschiedenes halten sollten; z. B. daß er der Wolle oder Seide eben die Farbe gebe, die sonst der Waid ertheilet, ja daß er sogar in der Medicin fast gleiche Wirkung habe. (S. Zosimus und Dioscorides 5. B. 107. C.) daß er sehr gering sey, und durch den getrockneten Schaum des beym Kochen aufwallenden Waides oder durch eine mit diesem gefärbte Kreide nachgeahmet werden könne. (Dioscor. ebendas. Vitruvius 7. B. 14. C. und Plinius 35. B. 6. C. daß er sich im Reiben schwarz zeige, verdünnet aber ein Blau gebe, welches vielmehr in die Purpurfarbe, als nach Art ihrer übrigen blauen Malerfarben ins Grüne blicket; daß er endlich auf glühenden Kohlen mit einer purpurrothen Flamme brenne. (Plin. ebend.)

Es wird doch niemand einwenden: wie zu des Plinius Zeiten eine Waare habe bekannt seyn können, die wir aus den americanischen Inseln erhalten? — Die Einwendung hätte Grund, wenn man zu unsern Zeiten keinen andern Indig kennete, als den man aus Westindien bringt: allein es kömmt derselbe obschon nicht in gleicher doch immer in beträchtlicher Menge auch aus Ostindien zu uns; und ist, wie es scheint, in unsern Jahrhunderten von dort viel eher, als aus dem neuen Welttheile nach Europa gekommen. Gewiß Garcias ab Horto, dessen Buch von den in Indien wachsenden Gewürzen aus dem Portugiesischen von dem

bekannten Botaniker Clusius ins Latein übersetzet, schon 1574. zu Antwerpen herausgekommen ist, macht mit keinem Worte von einem westindischen, sondern allein von dem ostindischen Indig Meldung; und schreibt davon als von einer Waare, die unter dem Namen Anil den asiatischen Völkern bekannt, von arabischen und türkischen Handelsleuten wohl auch aus Guzurat selbst, wo man die Pflanze pflegete, abgeholet wurde „Anil (sind seine eigentlichen Worte) Arabibus, Turcis, omnibusque iis nationibus dictum vocatur in Guzurate, ubi fit. — Herba est, quae seritur singulis annis, &c. Ist es nun nicht ganz glaubwürdig, daß dieser so nutzbare Farbenstoff von ehrlichen Kaufleuten auch schon in Zeiten der römischen Monarchie, wo der Handel durch die asiatischen Provinzen wohl weniger als itzt gesperret war, nach Griechenland und Italien überbracht worden sey? Hat man nicht auch die Seide dazumal von den wohl noch entfernteren Seren erhalten?

(*) Man hielt dafür, „daß derselbe eine Art eines Schaums oder doch etwas dergleichen wäre, das von dem Meer ausgestossen sich an den indischen Gestaden an die Röhre oder den Schilf ansetzte „. Wie ausdrücklich Dioscorides schreibt im 5ten Buche 107. Cap. Ein wenig anders Plinius, der es doch vermuthlich jenem nachgeschrieben hat. Ex India venit, heißt es bey ihm an der schon oben angeführten Stelle

und noch mehr die Natur der Pflanze die Entdeckung dieser Farbe den Indianern gar nicht streitig machen. Von jener aber, der färbenden Kraft des Waids, möchte die Ehre wohl den alten Deutschen, oder, was eben das ist, den Celten gehören (*). Diese Pflanze scheint noch heut zu Tage, nebst dem Boden von England, Frankreich und Niederland, sonderbar den von unserm Deutschlande zu lieben (**). Entgegen sind, wie es scheint,

arundinum spumae adhaerescente limo. Hat man sich aber über diesen ihren Irrthum zu wundern, da man weiß, daß ihnen, woraus eigentlich die Seide entstünde, eben so unbekannt war, ob dieselbe schon in viel größerer Menge bey ihnen erschien, und verbrauchet wurde?

(*) Man kann freylich nicht sagen, daß der Waid nicht auch in Griechenland bekannt gewesen: Es schreibt vornehmlich Dioscorides ganz deutlich davon. Es scheint doch viel glaublicher, daß die wißgierigen und klugen Griechen die Nachricht von der Celten Gewohnheit ihre Leiber zu färben, und von den dazu angewandten Mitteln sich zu Nutzen gemacht, als daß diese um der Griechen Künste ganz unbesorgten Krieger denselben diese Kenntniß allein sollten abgelernet haben. Was in dieser Meinung noch mehr bestätiget, ist, daß die lateinischen Schriftsteller, die sonst die Benennungen der Pflanzen immer von den Griechen, entweder unverändert, oder fast ordentlich übersetzet zu entlehnen pflegten, entgegen dieses Kraut durchaus nach dem celtischen Namen Glas, entweder durch das gleichbedeutende ganz lateinische Wort, oder durch Beyfügung einer lateinischen Endung, nannten. Also liest man bey dem Jul. Cäsar (*de bello Gall. Lib. 5. cap. 14.*) „Omnes vero se Britanni vitro (einige Mspte haben doch auch: Glasto)

inficiunt, quod caeruleum efficit colorem. Bey dem Plinius (*L. 22. c. 1.*), simile Plantagini Glastum in Gallia vocatur, und bey dem Pompon. Mela (*L. 3. cap. 6.*) „Britanni — vitro corpora infecti. Vitrubius, dessen Stelle weiter unten stehen wird, setzt ebenfalls Vitrum, fügt doch hinzu; quod Graeci Isatin appellant. Endlich kann daher noch das Zeugniß des Humfredus Lhuid dienen, der, wie ihn Clarkius oder auch andere anziehen (S. *Animadv. in loc. cit. Caesaris, edit. Lugd. Bat. 1737. u. Hardu. in Plin. L. 33. cap. ult.*) in Beschreibung seines Vaterlandes erinnert, „daß man dort (bey den Cambrobriten) noch sowohl die blaue Farbe als den blaufärbenden Waid Glas nenne."

(**) Diese Pflanze, die dem Hrn Linnäus Isatis tinctoria (sonst Glastum Sativum J. Bauh. Rup. u. a. m.) den Franzosen Pastel, Guesde, oder Vouede heißt, wird bey diesen vornehmlich in der Provinz Languedoc gepfleget. Sie wächst aber in Deutschland eben so gut; man bauete sie einstens besonders häufig in Thüringen, und verführte sie von dort weit und breit. Nunmehr pflegt man sie auch mit erwünschtem Fortgange in den k. k. Ländern. Ein sehr verständiger Färber hat uns versichert, daß der Waid, den man itzt aus Ungarn oder aus dem

scheint, der Indigopflanze zu ihrem eigentlichen Wohnsitze nur sehr warme Länder angewiesen; und wird sich dieselbe an unsere gemäßigte Himmelsgegend wohl niemals ganz gewöhnen wollen (*). Sollte man derselben Abgang

dem Bannate erhält, keinem andern an Güte weiche: nur wäre zu wünschen, daß dort schon eine größere Menge davon vorräthig wäre, damit der jüngere immer zurücke bleiben, und länger abliegen könnte.

Man baut den Waid etwa im Monat April. Er fodert eine gute, geringe, schwarze oder wohl gedüngte Erde, in die man folgends Jahr nicht wohl wieder Waid, sondern etwa Rocken, das dritte aber Gersten oder dergleichen bauen kann. Wenn sich die jungen Pflanzen schon in einiger Höhe zeigen, muß man den Acker durch Jäten von allem Unkraute reinigen; ohne welche Vorsicht jeder einzelne Stamm die gehörigen Kräfte, um recht viele und große Blätter zu treiben, nicht erlangen würde. Man schneidt die Blätter zum erstenmale etwa im Augustmonate ab, die zweyte, oder nach Maaß eines mehr oder weniger günstigen Wetters; die dritte Sammlung macht man gegen Ende des Octobers, doch immer vor der strengen Kälte, die die Blätter verderben würde. Zum Jähren bereitet man sie, wie es Ruellius, Pomet, Valmont, und andere beschreiben, auf folgende Art: man schüttet die gesammelten Blätter an einem wider Regen und Sonne bewahrten Orte auf einen Haufen; läßt sie dort verwelken, oder auch voneinander erhitzt einigermaßen gähren. Man wendet sie doch die Woche hindurch ein und andersmal also um, daß die unteren oben zu liegen kommen. Nach der Zeit zerstößt man sie auf einer Stampfmühle, feuchtet sie hernach ein wenig an,

und drücket sie mit den Händen zu länglichten Ballen. Diese läßt man trocknen, feuchtet sie wieder und zum drittenmale an. Wobey man jeden Ballen ins besondere zerdrücket, und seine Theile also vermenget, daß die äußeren itzt in die Mitte kommen. Sie faulen hiedurch fast zu einer Erde. Endlich schlägt man sie in Fässer, zum verführen, ein. Man würde sehr gut thun, wenn man die saftigeren Blätter von der ersten Erndte mit jenen von der zweyten und dritten, die gemeiniglich auch von schweren Regen und häftigen Winden sehr mit Staube und Erde besudelt sind, nicht vermengte.

(*) Die Commerciencollegien der österreichischen Erblande sind schon vor einigen Jahren fast einhellig auf den Gedanken verfallen, dieser sich jährlich nur gar zu hoch belaufenden Ausgabe, wenn es möglich wäre, einigermaßen zu steuern. Man wußte Saamen von verschiedenen Arten oder vielmehr Abänderungen dieser Pflanze recht im Ueberflusse bey zuschaffen: es wurden mannichfaltige Versuche damit angestellet, insonderheit von dem durchgehends, auch selbst in jenen Erblanden, wo dieses Kraut gepflegen wird, bestens erfahrnen k. k. Hofgärtner zu Schönbrunn, Hrn. Reichard van der Schot. Dieser baute den Saamen in sechs- oder siebenerley sonderbar zugerichteten Erden an. Es kamen immer Pflanzen hervor; welche aber die bey uns auch zur Sommerzeit kühleren Regen und Nächte gar nicht hoch aufkommen ließen, nur in vertieften

und

gang in Abſicht auf die Farbe, die ſie reicht, nicht etwa durch eine ander

und mit Gläſern bedeckten Beeten erhielt er hohe und vollkommene, d. i. auch häufige Blüthe und reifen Saamen tragende Pflanzen. Hat man ſich aber hierüber zu wundern? Man weiß, daß dieſe koſtbare Waare nach den europäiſchen Landen am allermeiſten aus den antilliſchen Inſeln kömmt. Nun aber wechſelt z. B. in Martinique der Thermometer nach reaumüriſcher Abtheilung das ganze Jahr hindurch nur zwiſchen dem 23 und 28 oder auch 29 Grade; wo wir ſelten in einem Sommer einen oder mehr ſo warme Tage haben, an welchem er den 23 Grad erreichete. Unterdeſſen wird die Sache mit dem gemeldten Indigoſaamen noch im Bannate verſuchet, wo man ſonſt erfahren hat, daß Luft und Erdreich Pflanzen, die nur in wärmeren Ländern zu wachſen pflegen, viel anſtändiger ſind, als hier.

Man glaubt, man wiſſe die Art, aus dieſer Pflanze hernach die Farbe zu bereiten, ganz genau; ein ſo großes Geheimniß ſchon immer das von in beyden Indien jene, die damit umgehen, zu machen pflegen. In den weſtindiſchen Gegenden verfährt man faſt auf dieſe Weiſe: man wählt einen guten, von Steinen wohl gereinigten Grund, und zum Anbaue ein feuchtes Wetter: man macht in der Erde mit dem Finger kleine Löcher, immer einen Schuh weit voneinander; legt in jedes derſelben etwa 10 oder 12 Körnchen, und deckt ſie mit der Erde zu. Die Pflanzen ſind zeitlich, wenn ſie nur 4 oder 5 Finger hoch erwachſen ſind, von dem mit hervorkommenden Unkraute zu befreyen: ſie erlangen alsdenn gemeiniglich eine Höhe von 2 Schuhen; und wenn wir ſie, wie Plinius die Blätter des Walds mit einer bey uns wohl bekannten Pflanze vergleichen ſollen, ſo ſcheinen ſie uns, unſern Meliloten (Stein- oder Gülſdenklee. Trifolium (Melilotus) Officin. L.) ganz ähnlich, nur daß ihre kleinen Schmetterlingsblüthen nicht gelb wie derjenigen, ſondern fleiſchfarben, und die Blätterchen meiſtens meergrün ſind. Nach 3 Monaten tragen ſie insgemein Blumen und Saamen; die unteren Blätter fangen zugleich an gelblicht zu werden, und fallen beym Berühren leicht ab. Da pflegt man die Aeſte zum erſtenmale abzuſchneiden, doch nicht ganz, ſondern etwa eine Handbreit von dem gemeinen Stamme, damit ſie wieder neue Sproſſen treiben können. Nach andern 3 Monaten ſchneidt man ſie zum zweyten, und ſo auch zum drittenmale mit einer Sichel ab, wo man zugleich den Saamen ſammelt.

Von den zuſammengetragenen und durch einige Stunden in der Sonne getrockneten Pflanzen ſchlägt man entweder mit Stecken die Blätter los, und weichet allein dieſe ein; oder man legt die ganzen Pflanzen ordentlich in ein großes, einige Schuhe über die Erde erhob:nes Gefäß, das von den Franzoſen Trempoire genennet wird, und uns vielleicht Einweichungszuber heißen könnte. Dieſes füllt man bis über das Kraut, das man mit einem Gitter niederſchweret, mit Waſſer an, und läßt es ſo bey warmem Sonnenſcheine durch einen oder zween Tage ſtehen. Hiebey gähret das Waſſer häftig auf, und ziehet von den Blättern die Heſen aus. Das mit dieſen vermiſchte Waſſer läßt man denn in einen andern tiefer geſtellten Zuber, den man nach dem franzöſiſchen (Batterie) Schlagkufe oder Schlagbottich nennen kann, fließen, und ſchlägt oder ſtampft es in dem-

dere Pflanze ersetzen können (*)? Die prächtigen Römer liebten zu des Plinius Zeiten den Schimmer hoher Farben, wie eben derselbe weise Bürger klagt

demselben durch etwa zwo Stunden fast auf die Art, wie man aus Milch die Butter machet. Man bedient sich hiezu wohl auch einer Maschine, eines hölzernen Cylinders, der über das ganze Gefäß reichet, und an etlichen zu beyden Seiten befestigten Armhölzern hangende Kübel, oder dergleichen Holzstücke hat; derer einige bey des Cylinders wechselseitiger Bewegung aus dem Wasser steigen, da die andern wieder gewaltig in dasselbe fallen. Die Bewegung des Cylinders geschieht mittels eines in demselben oben eingelassenen Hebels von einem einzigen Menschen. Wir haben zu Ende dieses Abschn. alles einigerweise entworfen. In die dicke Brühe, die man durch dieses Schlagen erhält, schüttet man hernach ein wenig Baumöl, wodurch die Hefen zusammenrinnen, und bald darauf sich auch zu Boden setzen. Man läßt alsdenn das klare Wasser abfließen, die Hefen aber füllt man in leinene dichte Säcke, damit das noch übrige Wasser gänzlich abtriefe. Endlich schlägt man sie in Model oder kleine Kästchen, und läßt sie darinn unter einem Dache vollständig trocknen.

In Ostindien ist diese Zubereitung der Farbe, wie Berichte melden, gewöhnlich in dem unterschieden, daß man die von den Pflanzen losgeschlagenen Blätter, nachdem man sie zween Tage hindurch an der Sonne getrocknet hat, ferner mit Stecken auch in Stücke zerschlägt; danach aber in einem trocknen Orte, dessen Boden und Wände von mit Matten, oder unter diesen auch mit Stroh belegt, fast durch ein Monat, mit Matten auch oben bedecket, aufbewahret. Dieses

soll zur leichterer Auflösung der Farbe viel beytragen. Zum Einweichen braucht man hernach nicht ein grosses, einziges Gefäß, sondern mehrere kleine, etwa einen Schuh hohe und oben ein und einen halben weite, wie unsere gemeinsten Wassergefäße oder hölzernen Küchengeschirre sind. Zum Schlagen hat man ebenfalls mehr einzelne, doch oben ganz enge Zuber; und der Werkzeug zum Stampfen ist ein Stößel, woran unten eine hölzerne Scheibe befestiget ist, ganz wie man in einigen Orten Deutschlandes zum Buttermachen brauchet. Das Uebertragen von den Einweichungs in die Schlaggefäße hat dieses besondere und ohne Zweifel vorzügliche, daß man die leztern mit einem Tuche bedecket, wodurch denn nichts, als die reine oder die eigentliche mit dem Wasser vermengte Farbe gehen kann. Zur Vermehrung der Farbe aber dienet entgegen jenes, daß man zuletzt die Blätter zwischen den Händen auspresset, und sie danach wieder einweichet, und abermal auspresset, und dieses, so lange sie das Wasser noch grünlicht färben.

(*) Die ungemeine Verschiedenheit des Bodens in den k. k. Erblanden, und die unglaubliche Anzahl der seltensten Pflanzen, besonders in den österreichischen, steyermärkischen und tyrolischen Gebirgen ließen uns hoffen, wenn sich nur geschickte Männer finden sollten, die Versuche machten. Wenn aber auch alles fehlen soll, kann doch vielleicht der Waid allein des Indigs Stelle vertreten, wie gleich ausführlicher erkläret werden wird.

klagt (*) bis zur Ueppigkeit: sie verwendeten doch den Indig zum Färben nicht; sie brauchten hiezu nur den Waid, ja sie bereiteten auch noch darüber aus dem Waide für die Maler auf zweyerley Arten einen unächten Indig (**). Sollte also der Waid nicht auch zu unsern Zeiten, um schön
K   blau

(*) S. die oben VI. Abſch. L. §. angeführte Stelle.

(**) Eine dieſer zwo Arten war, daß ſie eine feine Kreide faſt eben, wie Wolle, in dem Waide färbten. „Propter inopiam coloris indici, ſind des Vitruvius Worte, cretam Selinuſiam aut annulariam vitro, quod graeci Iſatin appellant, inficientes, imitationem faciunt indici coloris. L. 7. c. 14. Plinius ſagt eben das, und bedienet ſich faſt der nämlichen Worte: L. 35. c. 6. dieſes nannten ſie doch den Indig verfälſchen„: Qui vero, heißt es daher bey Plinius, adulterant Indicum, &c.

Die andere Weiſe aber ward bey den Griechen und Römern gut geheiſſen, und wurde die ſo bereitete Farbe auch glatterdings mit dem Namen einer zweyten Art des Indigs beehret. So ſchreibt Dioſcorides: „von den Gattungen des Indigs entſtehet eine von ſich ſelbſten wie ein Schaum oder Auswurf des Meers, der an dem indiſchen Schilfe klebet; die andere wird von den Werkſtätten der Färber geliefert, und iſt der purpurfarbene Schaum, oder die Blumen, die den ſchönen Gittern ankleben, und die davon abgenommen, und getrocknet werden„. L. 5. c. 107. Dieſe Blumen ſind ganz gewiß nichts anders, als was manche Färber noch heut zu Tage alſo nennen, nämlich der bey dem Kochen des Waides oben ſich häufig ſammelnde, theils roth, theils blau ſchielende Schaum. Wie denn auch Dioſcorides gleich hinzu ſetzet, „von dieſem Indig ſey derjenige für den beſten zu

halten, welcher ſchön blau ausſieht„. J. Ant. Saracenus (in ſcholiis ad Dioſc. L. 5. Edit. Lugd.) iſt eben dieſer Meynung, und führet zum Beweiſe an, „daß Dioſcorides ein wenig zuvor faſt eben dieſelben Kräfte oder Eigenſchaften dem Waide beygeleget hat, die er iht dem Indig zuſchreibet„. Plinius kann ſich alſo wohl einigerweiſe getirret haben, da er das übrige nach Dioſcorides, anſtatt des purpurfarbenen Schaums oder geſchrieben hat, es ſey der Schaum von Purpur. „Alterum genus ejus eſt in purpurariis officinis innatans cortinis: & eſt purpurae ſpuma. L. 35. c. 6. Vielleicht hat es aber auch einſtens purpurea geheiſſen. Wenigſtens muß man in jenen Werkſtätten, wo man Purpur färbte, wohl auch eine blaue Farbe, und alſo den Waid gebrauchet haben; weil auch die Maler um ein purpurfarbenes Gewand zu ſchildern, einer blauen Farbe nöthig hatten; wie ebenfalls Plinius dort erinnert„: Si purpuram facere malunt, caeruleum ſublinunt, mox purpuriſſum ex ovo induxunt.

Gleichwie ſich aber in den neuern Zeiten manche Nation auch ſonſt aus den Büchern der Alten verſchiedene Kunſtgriffe zu Nutzen zu machen wuſte, ſo war auch dieſer, aus dem Schaume des aufwallenden Waides einen Indig zu bereiten, in unſern Jahrhunderten nicht durchgehends unbekannt. Pomet erzählet (Hiſt. des Drogues P. 1. pag. 156.) von den franzöſiſchen Färbern ausdrücklich, daß ſie den Schaum, den der Waid im Kochen aufwirft, trocknen, und
deu-

blau zu färben hinlänglich seyn, wenn er auf eine beſſere Art bereitet würde? (*) Aber wir müſſen nun doch auch ſagen, wie man unterdeſſen insgemein blau zu färben pflege.

II. §.

Ungemein viel iſt immer an der Vorbereitung der Waare gelegen. Der Seide und noch mehr der Wolle klebt von Natur oder von vorhergegan-

denſelben denn, weil er dem Indig ſehr gleich ſieht, unter dem Namen de Floré d'Inde verkaufen. Man will eben nicht muthmaſſen, daß vielleicht nicht wenige deutſche Färber ſolchen Indig öfter mit ihrem eben ſo guten Waide verbrauchet haben.

Wir ſchlieſſen nun aber aus dem allen, daß man des Indigs, wo nicht gänzlich, vielleicht doch größtentheils ſollte entrathen, und meiſtens mit dem Waide allein eben das auswirken können.

(*) Man wird fragen, auf welche Art derſelbe denn zu bereiten wäre? — Auf eine ähnliche mit jener des Indigs; und da würde bey Verſuchen die zuletzt angeführte vielleicht die bequemſte und nützlichſte ſeyn. — Soll aber dieſe Zubereitung in Abſicht auf die Kraft und Schönheit der Farbe einen Unterſchied machen? — Glaublich einen nicht gemeinen. Dieß Urtheil gründet ſich darauf, daß man auch ſelbſt bey dem Indig ſehr groſſen Unterſchied bemerket, der doch nicht von einer ſehr unterſchiedenen Güte der Pflanze, ſondern von der verſchiedenen Art abhängt, mit welcher die Farbe bereitet worden. z. B. die Franzoſen nennen jene Gattung des Indigs Inde, zu der nur die Blätter der Pflanze angewandt, eine andere aber ladigo, zu der auch die Stengel genommen worden; und ſchätzen die letztere, wie ſonſt einige mit etwas Un-

reinigkeit vermiſchte Sorten, immer faſt um den halben Preis geringer; weil ſowohl der gröbere aus den Stengeln gezogene Saft, als die ungefähr beygemiſchten Erdtheilchen die Farbe verfinſtern, oder auch zugleich entkräften. Nun aber wo aus der Indigopflanze die Farbe nur durch eine Gährung gezogen, und dann auch ſelbſt von den Blättern abgeſondert verbrauchet wird; laſſen wir entgegen den Waid zu einer Art Aſche oder Erde verfaulen, und ſieben hernach dieſe, um zu färben, ganz und ohne Unterſchied aus. Das reinſte und dem Indig ähnlichſte, wie wir geſehen haben, ſind dabey noch immer jene Blumen, die bey gemach vermehrter Wärme des Waſſers, eben durch eine Gährung, wie es ſcheinet, aufgelöſet in die Höhe ſteigen, und die und vielleicht vorlängſt zur Anleitung hätten dienen ſollen, wie wir, um eine reine und hohe Farbe aus dem Waide zu erhalten, zu verfahren haben.

(**) Für den beſten Alaun hielt man ſonſt den, der aus Italien kam. Doch ein ſehr erfahrner Schönfärber hat uns jüngſt betheuret, daß jener, der aus Böhmen von Commotau viel wohlfeiler kömmt, keinem andern an Kraft und Güte weiche. Es reiniget aber, und bereitet ein guter Alaun die Waare, daß ſie nicht nur die Farbe ganz gerne und gleichförmig annimmt, ſondern mit dieſer auch hernach einen

forſ-

gangenen Behandlungen im Spinnen, Spuhlen u. d. g. eine Fette an, die dem Auge insgemein zwar unbemerkbar, der Farbe aber widerwärtig und feindlich ist. Der Stoff, den man nicht vorhin davon befreyet, wird die Farbe meistens nur schlechthin, immer aber in seinen verschiedenen Theilen ungleich stark annehmen, und also auch fleckicht erscheinen. Man kochet daher die Waare jederzeit zuvor mit Alaune wohl aus. (**) Einige nehmen auch Weinstein oder gemeines Kochsalz zu Hilfe: andere sieben die Waaren nach

sanften Glanz behält. Die Anwendung desselben fodert doch immer eine besondere Vorsicht. Man vermenget ihn mit dem noch kalten Wasser, und läßt ihn dann mit diesem, unter beständigem Bewegen, damit er nicht an den Wänden des Kessels klebe, gemach erwärmen, und endlich ein wenig sieden. Man sagt, er verfliege, oder setze sich allsogleich oben an das Gefäß, wenn man ihn in das schon aufwallende Wasser wirft. Die Waare wird in dieser Lauge ebenfalls unter beständigem Umschlagen eine ziemliche Weile gekochet, alsdann aber in einem reinen Wasser wohl ausgewaschen, und von dem Alaune befreyet. Einige ziehen zu diesem Abschlemmen gewärmtes Wasser dem kalten vor, und, wie es scheint, mit Grunde; denn das letztere schlägt den Alaun in die Waare zurücke, wenigstens wenn dieselbe noch nicht ganz abgekühlet ist; in jenes aber scheint er sich sehr gerne zu vertheilen. Man wird doch sehr wohl daran seyn, wenn man hernach die Waare auch in einem frischen und besonders in einem fließenden Wasser ausspülen wird. Einige glauben dem zufärbenden Stoffe mehr Schönheit und Glanz zu ertheilen, wenn sie Alaun auch hernach mit der Farbe kochen: unterdessen sind mehrere Farben, die von dem Alaune einigerweise präcipitiret werden; wo denn die Brühe entkräftet, und der Stoff nur matt gefärbet wird.

Aber wird sich nicht jemand wundern, daß man sich mit diesen Anmerkungen abgiebt, die den Färbern ohnehin bekannt seyn müssen? — Man würde vielleicht anders denken, wenn man unterrichtet wäre, wie geheim viele Meister ihre Wissenschaft halten, die sie eben nur von ihren Vätern ererbten, oder nach der Zeit für Geld, oder doch gewiß durch viele, meistens mißlungene, und also kostbare Versuche erwarben; wie selten daher ihre Jungen oder Gesellen etwas mehreres als zu kochen wissen; und wie oft auch die Meister solche Materialien und Umstände beysetzen, die ihren Ursprung von einem blinden Gerathewohl oder einem durch Gewohnheit befestigten Vorurtheile haben, in sich selbsten aber unnütz, sehr oft auch schädlich sind. Freylich muß man da Ausnahmen machen: wir haben selbsten Meister angetroffen, die auch Belesenheit, die auch Einsicht in die Ursachen natürlicher Wirkungen und Fälle zeigten, dennoch kann man nicht sagen, daß die Reinigkeit und Niedlichkeit oder die Stärke, und besonders die Dauerhaftigkeit der Färberfarben in unseren Ländern nicht noch höher gebracht werden könne; wenn es schon sollte ausgemacht seyn, daß deutsche Färbereyen hierinn jenen der Ausländer nicht mehr nachgeben. Dabey haben wir schon einmal diesen Versuch zugleich den Künsten gewidmet, welche Farben auf andere Körper tragen; wir müssen also nicht

nach Verschiedenheit derselben etwa zuerst auch mit Seife (*) wieder andere besonder mit Weizenkleyen, oder weichen sie mit Kreide einen Tag im kalten Wasser.

Zur Farbe setzt man unterdessen eine Suppe gemeiniglich, wenigstens in den Schönfärbereyen, zugleich aus Waide und Indig an. (**) Es ist nicht unterlassen zu derselben Beförderung nützliche Kenntnisse und Kunstgriffe bekannter zu machen.

(*) In Frankreich war wenigstens vor Zeiten, um der Seide die nöthige Reinigkeit und einen anmuthigen Glanz zu geben, folgende Zubereitung, in Absicht auf alle Farben, für die beste gehalten. Man ließ die Seide zuerst mit feiner Oelseife kochen; man spülte sie hernach in einem Bache wohl aus, und legte sie alsdann in ein doch nur kaltes Bad von recht gutem Alaune; diesen schlemmte man zuletzt meistens wieder im frischen Wasser ab.

(**) Den Indig belangend, ist nicht wenig daran gelegen, was man für eine Gattung desselben wähle. Es giebt, wie schon oben ein einigermaßen erinnert worden, an Güte sehr unterschiedene Sorten, die einestheils auch besondere, von den Oertern, wo sie bereitet werden, entlehnte Namen haben. In Deutschland wird vielleicht der Guatimalindig (Indico Guatimalo) am meisten verwendet. Man will ihn, wenigstens im Vergleiche mit andern Gattungen, die ebenfalls von Stengeln und von Blättern zusammen bereitet werden, ganz gut finden; D. Valentin (in seiner Natur-u. Materialkam. 1. B. 3. C.) hält doch dafür, daß man mit dem Plattindig (sonst auch Platto-Xerquies, den Franzosen Inde de Serquisse) wohl zweymal so viel färben könne. Er sieht das Zeugniß kluger Färber von Hamburg oder denselben Gegenden an, die sogar glauben, daß sie sich arm färben würden, wenn sie sich jenes wohlfeileren Indigs von Guatimala bedienen sollten. Der Dominico- oder Domingindig ist doch auch einer von den besseren. Ein ächter aus den Blättern allein bereiteter Indig, wie jener von Xerquies ist, der in kleinen, platten, länglichtviereckigten Stücken kömmt, soll, nach dem bemeldten Garcias, Valentin und anderen an Farbe theils hochblau, theils schön violet, mit dem Nagel aber gerieben, kupferfarben und röthlich erscheinen; soll weder sehr hart, noch auch sehr mürb, und so gering seyn, daß er auf dem Wasser schwimmet. Man versucht ihn im Kleinen mit Anzünden, wo er wie eine Wachskerze brennen, und keinen Unrath zurücklassen muß. Diese Kennzeichen und Prüfungen waren auch schon bey den Alten angenommen. Also schreibt Dioscorides (107. Cap.) deutlich: von den Gattungen des Indigs sey für die beste zu halten, die blau aussieht, und gering ist. Plinius gedenkt auch vom Brennen Meldung: er sagt: Probatur (Indicum) Carbone: reddit enim, quod sincerum est, flammam excellentis purpurae. Lib. 35. cap. 6.

Die Farbe zu erhöhen, oder sie auf dem Stoffe geschwinder und besser haften zu machen, setzen einige derselben (nach Verschiedenheit der Materialien) etwas weniges von Potasche, Salpeter und dergleichen bey; oder bereiten dieselbige vorhin mit Brandwein oder mit

Kal-

nicht zu läugnen, daß diese zween Farbenstoffe, wie wir sie itzt haben, fast nur, wenn sie miteinander vereiniget werden, die erwünschte Wirkung thuen, und die vortrefflichste blaue Farbe geben. Durch die vollfärbige Brühe werden zuerst und öfter diejenigen Stoffe gezogen, die man dunkler oder voller färben will; durch die geschwächte aber hernach, oder durch die starke doch nur leichthin jene, die eine helle oder blasse Farbe bekommen sollen. Auf eine im Wesentlichen ähnliche Art läßt sich mit diesen Materialien wohl auch Holz blau färben (*).

K 3 Zu

Kalchwasser; den Indig aber am meisten mit chymisch abgezogenem, oder doch einige Tage gestandenem Ureine.

In Frankreich fand man, daß Voll- und Hochblau ja auch Himmelblau schöner ausfalle, wenn der Waare zuvor ein ganz gelinder, veilenröthlicher oder pfirschblüthefarbener Grund mit Orseille (einem Farbenstoffe von einer Art Steinflechte, Lichen tinctorius) gegeben wird, und wurde solches den Färbern der ersten Classe zu thun denn auch gebothen. Entgegen ward hoch verbothen, zu feineren oder sonst kostbaren Stoffen, um selbe mit geringeren Kosten vollblau zu färben, nebst dem Indig und Waide auch etwas von Blauholz zur Brühe zu brauchen.

(*) Um Holz blau zu beizen stellen nicht nur Schreiner oder Tischler, denen es vornehmlich dienen könnte, unzählige Versuche an; es forschen auch öfter Naturkundige und andere Gelehrte dieser Sache, die freylich Niemanden unmöglich scheinen kann, sehr begierig nach. In verschiedenen Kunst-, Werk- und Handbüchern, oder welche Namen gewisse, fast nur unerfahrenen Künstlern bekannte und schätzbare Werkchen sonst haben mögen, liest man hierüber die wunderlichsten Processe. Nicht selten werden Materialien vorgeschlagen, die fast gar keine Farbe enthalten, und wohl am wenigsten jemals eine blaue geben werden. Die vorgeschriebene Anwendung derselben ist gemeiniglich noch weniger geschickt, eine Farbe, auch auf einem leichter zu färbenden Körper haften zu machen.

Man kann fast als einen Hauptsatz annehmen, daß sowohl die Farbenstoffe als derselben Auftragung nicht viel von jenen der Färber unterschieden seyn müßen. Man muß das Holz, (das von Ahorn. Acer Campestr. L. wird zu diesem Gebrauche fast das beste seyn) in einem geräumigen Topfe gelind, aber sehr lang, wohl auch durch einen halben Tag mit gutem Alaunwasser kochen, damit es von den schlichten, harzichten und andern dergleichen Theilchen, die der Farbe widerstehen, gereiniget werde. In einem reinen, oder beständig warmen Wasser hat man es hernach auch von dem Alaune zu befreyen. Unterdessen hält man eine blaue Suppe bereitet, freylich wenn die Farbe schön- und hochblau werden sollte, vom Indig, oder vom Indig und Waide zugleich. Es ist schon oben von scharfen oder geistigen Dingen Meldung geschehen, mit denen die Färber den Indig bereiten, um seine Farbe zu erhöhen, oder ihn geschickter zu machen, in den zu färbenden Körper wohl einzudringen. In dieser genau bedeckten Brühe läßt man das

Holz

Zu Waaren von geringem Werthe, kann wohl, um wenigstens einen Theil des Indigs zu ersparen, ein wenig Blauholz (*) oder auch, wenn sie sehr dunkel werden sollen, eine ganz geringe Dose von Grapp genommen werden. (**) Etwas von Grünspan dazu gethan würde verhindern, daß die Farbe nicht etwa einigermassen ins Veilbraune übergienge.

III. §.

Holz einen und andern Tag, zuweilen auch auf warmer Asche, weichen. Täfelchen, die nicht viel über eine geometrische Linie oder einen starken Messerrücken dick sind, werden hiebey von der Farbe ganz durchdrungen. Es sind immer vorhin Versuche im Kleinen zu machen. Es geht sogar nicht allezeit von statten, was schon einmal gelungen ist. Eine Unvollkommenheit der Materialien, der Mangel eines Handgriffes, des Zeitpuncts oder dergleichen verderbt manchmal alles. Für itzt ist genug, den sicheren Weg gewiesen zu haben.

(*) Das Blauholz sonst Kampecheholz (den Franzosen Bois de Campêche, Bois d'Inde) kömmt aus Amerika von einem grossen Baume Haematoxylon Campech. L. und wird in die europäischen Länder in grosser Menge, doch für einen leidentlichen Preis verführet. Es färbt fast nur trüb oder finsterblau, und dient daher vielmehr zu blaulichtgrauen, oder auch zu dunkelvioleten, am allermeisten aber in Gesellschaft anderer Farbenstoffe, zu schwarzen Farben.

(**) Mit noch geringeren Kosten könnten sich Bauersleute, welche die Zeuge zu ihren Kleidern in Städten färben zu lassen nicht vermögend sind, von Vid- oder Heidelbeeren selbsten eine Farbe bereiten. Es wachsen diese Beere, die auch zur Nahrung dienen, in bergichten Gegenden, sonderbar aber in Fichtenwäldern sehr häufig. Armer Leute Kinder sammeln im Sommer täglich soviel davon, daß sie es nicht wohl ganz verzehren können. Es wäre nur etwa für einen Kreuzer Alaun, und ein kleiner Becher Essig, oder auch um die Suppe sehr dunkel zu machen einige Galläpfel mit selben zu sieden. Tabernamontanus und Röslin (Kräuterb. Tit. Heydelbeer) schreiben, daß man mit dieser hernach kalten Brühe hell- und tiefblau färben könne. Ja sie lehren beynebens, wie aus eben diesen Beeren eine feine Farbe zum Malen und eine schwarzblaue Dinte zum Schreiben könne bereitet werden. In der Wienergegend findet man diese Beere nicht leichtlich; darum konnten wir bisher noch keinen genauen Versuch damit anstellen.

(***) In Frankreich war unter den Verordnungen, die zur Zeit Ludwigs des XIV. im Betreffe der Färberey gemachet worden, eine, die unter Strafe von 500. Livres verboth, seine wollene Waare vom Weissen sogleich schwarz zu färben. Diß geschah ohne Zweifel darum, weil bey dieser Art zu färben die schwarze Farbe entweder nicht wohl beständig seyn kann, oder gar zu scharfe, und den Stoff verzehrende Materialien dazu müssen angewandt werden. Wie denn in unseren Ländern einige Färber von geringerem Schrotte gewohnet waren, sich zum Schwarz färben eine kalte Brühe anzusetzen, die z. B. aus einem Metzen altes Eisens, aus Weinessig, Galläpfeln, Vitriol, Weinstein, Grünspan, Kupferwasser, Salpeter, Arsenik, Braunholz, Schliffe, Ope-

III. §.

Diese letzteren Materialien würden auch recht freygebig oder voll genommen, mit einem Zusatze von Färberröthe und gelben Blumen oder Johanniskraut, dann auch Galläpfel und Kupferrosen sehr tauglich seyn, einem Stoffe, der zuvor mit Indig und Waide stark blau gefärbet worden, (***) eine sehr schöne und kräftige Schwärze mitzutheilen. Geringschätzige Waaren, die nur aus Kupferwasser, Ei‑ auch durch die Färberey bestättiget. Mit Waa‑
riment, Spießglas, Schmack, Feilspä‑ ren von geringerem Werthe war es doch auch
nen, Salmiak, Potasche, Coloquinten, in Frankreich nicht gebothen, so weitläufig, kost‑
und dergleichen bestand. (S. die rechte Färber‑ bar und mühesam zu Werke zu gehen.
kunst 25. und wieder 132. S.) Sollten solche
Dinge zusammen einen Zeug, besonders, wenn Es sind aber seidene, wollene, baumwolle‑
er in einem Theile dieser Suppe lange gekochet ne, und leinerne Stoffe in Absicht auf die schwar‑
wird, nicht endlich mürbe machen? Und sollte ze Farbe sehr unterschieden, und fodert fast je‑
sich nicht etwa hieraus auch einigermassen erse‑ de dieser Gattungen einen besonderen Proceß.
hen lassen, woher es doch komme, daß sehr fei‑ Die Wolle nimmt eine standhafte schwarze
ne schwarze Tücher oder Zeuge gemeiniglich viel Farbe noch am leichtesten an: die Seide fo‑
dauerhafter sind, als grobe, obschon sehr dicht‑ dert wenigstens viel öfters Eintauchen: Kat‑
gewirkte von eben dieser Farbe? — tun, Leinwand und Zwirn erhalten selten
Nach jenen colbertischen Verordnun‑ eine schwarze Farbe, die sich im Waschen nicht
gen, wovon eben gemeldet worden, mußten verlöhre, oder nicht auch sonst bald verschöße.
feine wollene Tücher oder sonst dergleichen kost‑ Wir sollten also von jedem besonder handeln.
bare Zeuge zuerst in einer sehr starken blauen Allein man kann hievon bey W. Lewis (Hist.
Brühe, wo z. B. mit einem Ballen Waid der schwarzen Farben, von J. C. Ziegler zu Zü‑
6. Pfund Indig vereiniget waren, ganz voll rich ins Deutsche übersetzet) etwas mehreres fin‑
oder dunkel gefärbet, alsdann wieder mit Alau‑ den. Allenfalls läßt sich auch das, was von
ne und Weinstein ein wenig ausgekochet, da‑ schwarzen Farben noch zu sagen wäre, ganz
nach in eine Suppe von Röthe getauchet, end‑ füglich bey jeder andern Farbengattung nach‑
lich mit Galläpfeln, Kupferrosen und Su‑ tragen.
mach ins tiefe Schwarze getrieben, ja wohl
auch nach allem diesen, weil sie sonst noch ins (****) Man läßt verrostetes Eisen oder Ei‑
Violete blicken möchten, durch eine Brühe gel‑ senfeilspäne in einem scharfen Weinessig eine
ber Blumen gezogen werden. Man sieht längere Zeit wohl bedeckt stehen, oder kocht
hier das, was wir in dem II. Abschnit. von dieselben auch ein wenig auf heißer Asche, und
Vermischung aller einfachen Malerfarben, um rüttelt sie zuweilen untereinander. Zum Ge‑
eine ganz schwarze zu erhalten, gemeldet haben, brauche gießt man davon ein wenig auf eine
Schale heraus. Man siedet bepnebens etwa
für

Waaren färbt man in unsern Ländern meistens zuerst nur mit Blauholz graulicht = oder finsterblau, und macht sie danach gleich mit Galläpfeln (oder anstatt dieser, wohl auch nur mit Eisenspänen) und mit grünem Vitriol ins Schwarze übergehen.

IV. §.

Um Holz schwarz zu beizen, dient auch ein Decoct von Blauholz, nebst einer Solution altes Eisens in Essig vielleicht am besten, oder fodert doch am wenigsten Kosten und Mühe (****). Leder kann mit diesen zwey Stü-

für einen Kreuzer Blauholz in einer Aschenlauge; überstreicht damit das zuvor noch naß mit einem Bimsensteine, und hernach auch trocken mit Schafthalm wohl abgeriebene Holz (das vom Birnbaume ist hiezu vor andern tauglich,) und läßt es wieder trocknen: dieses kann man einigemale wiederholen: das letztemal trägt man, bevor es trocknet, die schwarze Beitze, unter die man auch etwas weniges von der blauen Holzfarbe menget, wie diese, mit einem Pinsel darüber, und glättet es zuletzt, wenn es wohl trocken ist, mit Wachse. Anstatt der Eisensolution kann man es auch einigemale mit einem Decoct von Galläpfeln, und zuletzt mit einer Vitriolsolution, oder welches für diese beyde gilt, mit gemeiner Dinte überfahren.

(*****) Man muß sie also ein paar Wochen stehen lassen; dabey aber täglich einigemale wohl untereinander treiben: wenn man nicht die Galläpfel und das Blauholz etwa durch eine halbe Stunde in dem Essig sieden, sie hernach durch Abseigen von dem Bodensatze befreyen, und dann erst den Vitriol und den Gummi darunter mischen will: in welchem Falle man die Dinte schon nach einer Stunde würde brauchen können. Wie viel eigentlich vom Gummi beyzusetzen sey, läßt sich nicht wohl bestimmen: wenn das Papier genug mit Leime getränket ist, hat die Dinte nicht vieles Gummi nöthig. Wenn aber dasselbe die Dinte frißt durchläßt, oder diese glänzen soll, muß sie freylich stärker gummiret seyn: sie wird aber ungerne aus der Feder fließen. Etliche zerschlagene Galläpfel und einige Stücke von altem Eisen in das Gefäß geworfen, würden der Dinte ferner eine Nahrung reichen, und sie vom Abstehen bewahren.

(******) So standhaft die Druckerschwärze in Büchern ist, so unbeständig ist überhaupts die gemeine, auch anfangs schwärzeste Dinte. So viele wichtige Denkschriften, derer einige nicht eben von gar hohem Alter, und doch aus Verschließung der Dinte größtentheils unleserlich sind, geben uns davon traurige Beyspiele. Es wäre also die Verbesserung der Schreibdinte eine sehr nützliche Sache. Dennoch scheinet, wenn man bey diesen Ingredienzen bleibt, nicht viele Hoffnung an. Die schwarze Farbe unserer Dinte bestehet insgemein wesentlich in der Ver-

ein-

Stücken gleichfalls sehr gut schwarz gefärbt werden. Hüten aber eine dauerhafte Schwärze mitzutheilen, brauchen die Hutmacher meistens ein starkes Decoct von Blauholz, Galläpfeln und Grünspan mit einem Zusatze von Vitriol oder auch von Gummi.

Zu einer Schreibdinte setzt man fast eben dieselben Materialien, den Grünspan ausgenommen, miteinander in Essig an; etwa drey Theile von Galläpfeln gegen einen von Vitriol und einen von gepulvertem Blauholze (*****). Besondere Versuche und lange Erfahrung haben dieses Verhältniß vor andern bestättiget. Wir haben doch noch keine Dinte, auf deren Dauerhaftigkeit man eine sichere Rechnung machen könnte (******).

einbarung der Vitriolsäure mit den abstringirenden Theilchen der Galläpfel. Nun aber wird diese Vermengung oder Verbindung z. B. durch Scheidwasser, wie man weiß, im Augenblicke, durch die Wirkung der freyen Luft oder und der Sonne gemeiniglich, wie Versuche beweisen, inner etlichen Monaten, oder, wenn eine größere Dose von Vitriol dazu gekommen ist, auch noch geschwinder zerstöret. Welch Wunder, wenn sich solches, wenigstens in vielen Jahren, auch in den Archiven ereignet?

Wir haben oben gesehen, daß verschiedene hohe Ingenieur- oder Miniaturfarben nach gewissem Ebenmaße vereiniget eine sehr gute schwarze Farbe geben, und daß die Färber die kräftigste und dauerhafteste schwarze Farbe eben durch eine solche Zusammensetzung erhalten: sollten nun nicht auch Blauholz, Grapp, Sumach, Färberröthe, Johanniskraut u. d. g. m. ohne vielem Vitriol miteinander, oder jedes Stück besonder gekochet, und hernach vereiniget eine unverlöschliche Dinte geben? Wir sind im Be-

griffe, Versuche anzustellen, und die Prüfung durch verschiedene Witterungen der Luft zu machen. Sollte das Unternehmen gelingen, so wird es nicht an Gelegenheit mangeln, davon Nachricht zu geben.

Die Alten haben zum Schreiben gebrannten und fein geriebenen Kienruß oder Lampenschwarz mit vielem Gummi gebrauchet. Man kann sich davon aus den eigentlichen Worten des Vitruvius und des Plinius überzeugen: so schreibt dieser Lib. 35. cap. 6. „Fit enim (atramentum) & fuligine pluribus modis, resina vel pice exustis. — — Adulteratur fornacum balinearumque fuligine, quo ad voluminia scribenda utuntur. — — Perficitur librarium Gusti — — admixto. Und jener L. 7. c. 10. „Quæ (fuligo) partim componitur ex Gummi subacto ad usum atramenti librarii. Wir haben schon oben ein und andersmal erinnert, daß schwarze Farben von Kohlen und Kienrusse auser dem Feuer allem Verderbnisse auch in Jahrhunderte zu widerstehen vermögen, und die

Schrif-

Schriften, die man in dem Herkulano gefunden hat, bestättigen es. Die chinesische Dinte, von der wir bey den helldunkeln Farben etwas mehreres werden zu erinnern haben, ist eben fast keiner Veränderung unterworfen, und dienet in der Noth oder Eile sehr gut, bleiche Schreibdinte völler und schwärzer zu machen. Sollte es denn nicht rathsam seyn, eines oder das andere von diesen, wenigstens wann die Wichtigkeit der Schriften eine unauslöschliche Dinte fodert, unserer gemeinen beyzumischen?